I0153808

HISTORIQUE

DE LA

2ᴱ LÉGION DU RHONE

PENDANT LA

GUERRE DE 1870-1871 -

HISTORIQUE

DE LA

2ᴱ LÉGION DU RHONE

PENDANT LA

GUERRE DE 1870-1871

PAR

FERRER

EX-COLONEL DE LA 2ᵉ LÉGION DU RHONE, OFFICIER DE LA LÉGION D'HONNEUR

> « Dire au public et au pouvoir ce qu'on
> « juge être la vérité est un devoir de
> « l'honnête homme : c'est, de plus, un
> « droit de citoyen. »   Guizot.

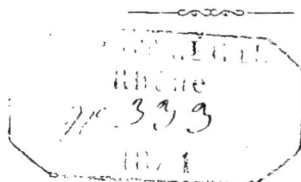

LYON

ASSOCIATION TYPOGRAPHIQUE
Regard, rue de la Barre, 12

1871

HISTORIQUE

DE LA

2ᴱ LÉGION DU RHONE

PENDANT LA

GUERRE DE 1870-1871

I

ORGANISATION

Le 10 octobre 1870, un arrêté, pris par le préfet du Rhône, commissaire extraordinaire du Gouvernement, ordonne la formation, à Lyon, de la 2ᵉ légion de marche du Rhône, avec les hommes non mariés, de ce département, appartenant aux classes de 1858 à 1864. La légion doit se composer de :

3 bataillons à 6 compagnies de 165 hommes chacune ;
1 batterie d'artillerie ;
1 compagnie du génie.

Le citoyen Ferrer, ancien capitaine des chasseurs à pied et chevalier de la Légion d'Honneur, — en réforme depuis le 10 juillet 1869, pour avoir protesté pendant cinq ans contre les citations à l'ordre de l'armée de deux officiers qui avaient abandonné et leur poste et leur troupe en présence de l'ennemi, et fait massacrer 64 braves soldats, — est chargé du commandement et de l'organisation de la légion, et reçoit, à cet effet, le titre de colonel.

Plusieurs jeunes gens , appelés par leur âge à faire partie
de la légion, s'offrent spontanément comme secrétaires. Des
demandes d'emploi parviennent de tous côtés au colonel,
qui n'a plus que l'embarras du choix. L'excédant de l'effectif de la 1ʳᵉ légion est versé à la 2ᵉ legion , et sert à former
les premières compagnies du 1ᵉʳ bataillon. Des capitaines
provisoires sont désignés pour commander les compagnies
au fur et à mesure de leur formation, et des dispositions
sont prises, tant pour assurer le logement et la nourriture
des hommes incorporés que pour activer la confection des
effets de toute nature, et l'établissement des registres de
comptabilité : les exercices commencent en même temps.

Le 16 octobre , le colonel prévient les citoyens mobilisés ,
qu'à compter du jour de leur inscription sur les contrôles de
la légion, ils sont placés sous la juridiction militaire, et que
le Code pénal de l'armée leur est applicable :

« Ainsi, porte l'ordre du colonel, tout homme qui, après
avoir été incorporé, quitterait la légion, serait poursuivi
comme déserteur. Le colonel espère néanmoins qu'il n'aura
pas besoin de recourir à la loi militaire pour maintenir la discipline. Le sentiment du devoir et le patriotisme des citoyens
suffiront pour obtenir ce résultat, et, dans les circonstances
présentes, le premier devoir de tout Français est de se mettre
en mesure de contribuer à la délivrance du sol de la patrie. »

Ce même jour, l'arrêté du 10 octobre, du préfet du
Rhône, commissaire extraordinaire de la République, qui
nomme :

Au grade de colonel : le citoyen Ferrer ;
Au grade de capitaine-major : le citoyen Philibert Clerc ;
Au grade de capitaine-trésorier : le citoyen Mouton ;
Au grade d'officier d'habillement : le citoyen Loupy,

est porté à la connaissance de la légion, qui est informée
également que, par un autre arrêté en date du 16 octobre,

le préfet du Rhône, commissaire extraordinaire de la République, a nommé dans la légion :

Au grade de médecin-major : le docteur Fontan ;
Au grade de médecins aides-majors : les citoyens Gigard, Jullien et Clerc.

Le 17, le capitaine Duproz, de la 4e compagnie, est appelé au commandement provisoire du 1er bataillon. Il lui est recommandé de veiller à ce que les exercices aient lieu journellement de 7 à 9 heures du matin et de 2 à 4 heures du soir, et de se faire rendre compte du nombre d'hommes qui assistent à l'exercice.

Le 18, les dispositions de l'art. 257 du Code pénal de justice militaire, dont la teneur suit, sont portées à la connaissance de la légion, et particulièrement des capitaines de compagnies et des sous-officiers comptables :

« Est puni des travaux forcés à temps tout militaire, tout administrateur ou comptable militaire qui porte sciemment sur les rôles, les états de situation ou de revue, un nombre d'hommes, de chevaux ou de journées de présence au-delà de l'effectif réel, qui exagère le montant des consommations, ou commet tout autre faux dans ses comptes. »

Cette communication a pour objet d'inviter les capitaines et les sergents-majors à apporter la plus grande attention dans l'établissement de leurs feuilles de prêt et de leurs bons de fournitures.

Par un supplément au rapport du 18, le colonel prescrit les dispositions ci-après :

« Le citoyen Desroches, capitaine de l'armée, exercera provisoirement les fonctions de chef du 2e bataillon et présidera à la réception des hommes des classes appelées à la formation de la 2e légion par l'avis affiché et publié aujourd'hui.

« Les capitaines du 1er bataillon enverront demain, à huit heures et demie, à la caserne du Grand-Séminaire, leurs sergents-majors pour recevoir les hommes nécessaires pour compléter leurs compagnies à l'effectif de 165 hommes.

« Les capitaines et sergents-majors, nommés provisoirement pour la formation des compagnies des 2e et 3e bataillons, devront se trouver au Grand-Séminaire à huit heures et demie, pour procéder à la réception des hommes qui doivent concourir à la composition de leurs compagnies, jusqu'à l'effectif de 165 hommes, cadre compris.

« Le citoyen Charlet, nommé officier de casernement au Grand-Séminaire, indiquera à chaque compagnie le local qui lui est affecté.

« A cinq heures du soir, une situation numérique, par compagnie, des hommes incorporés, sera envoyée au capitaine-major, à l'Hôtel-de-Ville.

« Les dispositions nécessaires seront prises pour assurer le logement et la nourriture des hommes qui se présenteront demain.

« Nul citoyen ne pourra être incorporé dans une compagnie en sus de l'effectif de 165 hommes. »

Le 19, la nomination de capitaine provisoire du nommé Crouzol est annulée. Cet homme est mis en demeure de justifier l'emploi des sommes qui lui ont été payées. Sur son refus, une plainte en conseil de guerre est portée contre lui. Il est arrêté, emprisonné; mais sa femme ayant restitué la somme qui avait été perçue illégalement, le citoyen Crouzol est puni de 30 jours de prison dans un fort : il n'est pas donné suite à la plainte en conseil de guerre portée contre lui.

Le 20, le colonel fait paraître l'ordre du jour suivant :

« Afin de modérer quelques prétentions ambitieuses et de faire sentir à ceux qui aspirent au commandement, la nécessité de se mettre promptement à la hauteur de leurs fonctions, le colonel porte à la connaissance de la légion, les résolutions d'intérêt général, soumises au Gouvernement provisoire, à Tours, par le Conseil municipal de la ville de Lyon, et dont l'adoption est vivement réclamée dans l'intérêt de la défense nationale.

« 1º Épuration des cadres de l'armée et application immé-
« diate du décret qui suspend les lois sur l'avancement hié-
« rarchique dans l'armée ;

« 2º Approbation, sans réserve, du décret du Gouvernement,
« qui rend passible d'un conseil de guerre tout chef de corps
« qui a été battu, a capitulé ou s'est laissé surprendre ;

« 3º Responsabilité personnelle et effective des chefs de
« corps, pour l'organisation et l'instruction des troupes qui
« leur sont confiées. »

« Ces dispositions doivent faire comprendre à chaque officier, sous-officier et soldat, que le commandement est aujour-
d'hui une affaire sérieuse, et qu'il importe que chacun, dans
la part d'autorité qui lui est dévolue, fasse preuve d'instruction, d'énergie, de courage et de patriotisme.

« Le présent ordre sera lu à trois appels consécutifs. »

Dans son rapport du même jour, le colonel rappelle que
les demandes de permission doivent lui être soumises par les
commandants de compagnie, et non lui être adressées direc-
tement par les légionnaires. Il invite à cet égard les capitaines à tenir rigoureusement la main à l'exécution des prescriptions de l'ordonnance du 2 novembre 1833. « D'ailleurs,
« ajoute-t-il, dans les circonstances actuelles, il est de toute
« nécessité de s'abstenir de demander des permissions qui
« seraient préjudiciables à l'instruction des légionnaires. »

Il interdit ensuite de faire des retenues sur la solde des
hommes pour manquement aux appels et aux exercices :
« les punitions à infliger pour ces fautes disciplinaires,
« observe-t-il, sont déterminées par le règlement sur le ser-
« vice intérieur. »

Au rapport du 21, il est dit :

« Un certain désordre a été commis hier, dans la répartition
des hommes appelés à faire partie de la légion. Il importe
qu'il ne se renouvelle plus. Le citoyen commandant Desroches

a reçu à cet égard des ordres précis, auxquels les capitaines voudront bien se conformer.

« Afin de ne pas conserver dans la légion des hommes impropres au service, tous les gardes nationaux incorporés dans la journée d'hier et d'avant-hier, qui ont des infirmités susceptibles d'entraîner leur réforme, seront conduits par un sous-officier, aujourd'hui à trois heures précises, à la caserne Sainte-Hélène, pour être visités par le médecin-major.

« La même visite aura lieu tous les jours, à trois heures, pour les hommes incorporés la veille ou dans la matinée. »

Les formules des rapports et lettres de service fixent également l'attention du chef de corps qui, dans un ordre du jour du 21 octobre, s'exprime ainsi :

« La France, en se proclamant en République, a voulu non-seulement s'affranchir de toute espèce de tyrannie, mais encore supprimer les formules de servilité, qui sont incompatibles avec les institutions républicaines et la dignité de l'homme.

« Il est donc convenable de modifier les formules qui rappellent un temps d'asservissement et d'abaissement, et qui ne sont que les signes du mensonge et de l'hypocrisie. Ces formules seront remplacées par des expressions à la fois honnêtes et propres à élever le caractère de l'homme et à lui donner une juste idée de son importance et de ses droits comme individu.

« En conséquence, les mots de *monsieur* et de *mon* ne seront plus employés au commencement ni à la fin des rapports, lettres, demandes, etc., et seront remplacés par les qualifications de *citoyen* capitaine, *citoyen* commandant, etc.

« Tous les rapports ou lettres de service, d'un supérieur à un inférieur, ou d'un inférieur à un supérieur, devront se terminer par cette formule : *Salut et fraternité*, qui honore autant celui qui l'emploie que celui à qui elle s'adresse. »

Le colonel ne se contente pas de ces prescriptions, si propres à faire naître et à entretenir les sentiments d'égalité et de confiance qui devraient exister entre tous les hommes dans leurs relations écrites et dans leurs rapports : il veut encore que des sentiments de bienveillance et d'affection s'établissent dans le service et sous le joug de la discipline militaire :

« On doit éviter de brusquer les hommes, dit le colonel Ferrer : si l'intérêt du service veut que la discipline soit ferme, il veut en même temps qu'elle soit paternelle. L'autorité qui se fera sentir le moins, est celle à qui on accordera le plus, attendu que là où l'obéissance n'est pas fille de l'affection, elle est la mère de la haine. Le calme dans le commandement est un signe de puissance et de raison ; la violence et la brusquerie ne pourraient que décourager les hommes qui apportent à la défense nationale l'appui de leur dévouement et de leur patriotisme. »

A partir du lundi, 24 octobre, les exercices en armes commencent dans le 1er bataillon. Les deux autres bataillons n'étant pas encore armés, continuent à faire les exercices sans armes. Il est prescrit de pousser avec la plus grande activité l'instruction militaire des hommes. « Le colonel compte sur l'intelligence des uns et la bonne volonté de tous pour que cette instruction soit terminée dans le plus bref délai. »

Le même jour, il est donné avis que la librairie Pelletier vient de mettre en vente, sous le titre de *Guide du Garde national en campagne*, une brochure qui contient des instructions pratiques d'une grande utilité et qu'il importe de porter à la connaissance des hommes. Les officiers et sous-officiers pourront se procurer cette brochure chez M. Pelletier, rue Dubois, 33, au prix de 45 centimes.

Le colonel annonce qu'il verra le 1er bataillon à l'exercice, et rappelle que, jusqu'à la formation définitive des compagnies, une note indiquant l'effectif des hommes présents doit être remise tous les jours au trésorier, à quatre heures du soir.

Le lendemain, au rapport, il est dit : « Le colonel a été

satisfait de la bonne volonté dont les hommes du 1er bataillon ont fait preuve hier à l'exercice. Mais il est nécessaire
que les officiers se mettent promptement à la hauteur des
fonctions dont ils sollicitent l'emploi ; car il est impossible
d'enseigner aux autres ce qu'on ignore soi-même. » — « Les
hommes manquant aux exercices seront privés de solde.
Des états nominatifs, indiquant leurs noms, prénoms, pro-
fessions et domicile, seront établis et envoyés sur-le-champ
à la gendarmerie. »

Au rapport du 26, le colonel, revenant sur cette question,
dit : « Tout homme incorporé, qui s'absentera sans autorisation légale, sera signalé à la gendarmerie, recherché et
poursuivi comme déserteur, conformément aux articles 231
et 232 du Code pénal de justice militaire, dont la teneur
suit :

« ARTICLE 231. — Est considéré comme déserteur à l'intérieur :

« 1º Six jours après celui de l'absence constatée, tout sous-
officier, caporal ou soldat qui s'absente de son corps ou détachement sans autorisation ;

« 2º Tout sous-officier, caporal ou soldat dont le congé ou
la permission est expiré, et qui, dans les quinze jours qui
suivent celui qui a été fixé pour son retour ou son arrivée au
corps, ne s'y est pas présenté.

« ARTICLE 232. — Tout sous-officier, caporal ou soldat
coupable de désertion à l'intérieur en temps de paix, est puni
de 2 à 5 ans d'emprisonnement, et de 2 à 5 ans de travaux publics, si la désertion a eu lieu en temps de guerre, ou d'un
territoire en état de guerre ou de siège.

« Ces dispositions seront lues à trois appels consécutifs. »

Le 26, l'effectif complet de la légion est atteint. Le colonel
profite de cette circonstance pour rappeler qu'il est de la
plus grande importance que tous les hommes assistent régu-
lièrement aux exercices, et que les commandants provisoires

const tent à chaque exercice le nombre d'hommes présents par compagnie.

Le 27, il est demandé un état nominatif indiquant la composition des cadres provisoires des compagnies, en officiers, sous-officiers, caporaux et clairons.

Le 28, on commence la distribution des effets d'habillement et d'équipement. Il est interdit d'accorder aucune permission de s'absenter. Le colonel recommande aux commandants de compagnie de veiller d'une manière toute particulière à l'établissement des pièces de comptabilité, et notamment des feuilles de prêt, qui laissent beaucoup à désirer. En raison du mauvais temps, il est ordonné des théories dans les chambres ou dans les corridors, sur l'entretien des armes et la manière de reconnaître les rondes et patrouilles.

La défense de demander des permissions, sous prétexte d'affaires privées ou de fêtes, est renouvelée au rapport du 29 :

« Dans une nation où le sol est envahi par les armées étrangères, y est-il dit, il ne peut y avoir de fêtes ni d'affaires privées : la délivrance du territoire de la patrie doit être la préoccupation de tout le monde.

« Exercice aujourd'hui, si le temps le permet, pour les 1er et 2e bataillons ; en cas de mauvais temps, une théorie sur le service en campagne et sur l'entretien des armes aura lieu dans les chambrées. »

« Le 3e bataillon touchera au magasin, à partir de dix heures et demie, ainsi que l'ordre en a été donné hier au rapport, les petites gamelles et les tentes abris.

« Des plaintes ont été adressées contre le service de santé. Le médecin-major est prié de donner les ordres nécessaires pour que deux visites soient faites journellement dans chaque caserne, le matin à huit heures et le soir à trois heures et demie.

« Les hommes de la légion qui ont fait insérer dans le

Progrès, une protestation contre la retenue de cinq centimes qui a été ordonnée pour l'achat du cirage, de la graisse, brosses et autres objets à la charge des ordinaires des corps, ont commis un acte d'indiscipline et une lâcheté en cachant leurs noms. Le colonel espère que de pareils faits ne se renouvelleront plus, et saisit cette occasion pour rappeler que tout ce qu'il ordonnera dans la légion sera toujours conforme à la loi et dans l'intérêt des citoyens. »

Enfin, le rapport du 29 se termine par la prescription de *marquer les effets d'habillement aux numéros de la compagnie et du bataillon, et au nom de l'homme.*

Le lendemain, des dispositions sont ordonnées pour l'élection des officiers, sous-officiers et caporaux des compagnies ; et le surlendemain, il est dit au rapport du 31 octobre :

« Quelques hommes ayant exprimé le désir de prendre des renseignements sur les candidats qui se présentent pour occuper les emplois d'officiers dans la légion, les élections n'auront lieu que le 3 novembre.

« Le colonel a la ferme résolution de n'exercer aucune pression sur la volonté des électeurs, en faveur des candidats qu'il a désignés pour remplir provisoirement les fonctions de capitaine et de chef de bataillon. Il s'en rapporte entièrement à l'intelligence des électeurs, et il se fera un devoir de constater avec la plus grande sincérité les résultats des élections. Il aime à croire, du reste, que les électeurs sont assez éclairés pour comprendre qu'il est de leur intérêt de ne nommer que des candidats recommandables par leurs services militaires, leur caractère, leur conduite et leur attachement aux institutions républicaines. Accorder les suffrages à des hommes inexpérimentés ou étrangers au service militaire, c'est s'exposer à des défaites et compromettre les intérêts de la patrie.

« Le colonel espère donc, qu'en présence des dangers qui menacent la nation, l'envie, la jalousie, les prétentions ambitieuses, l'esprit de coterie ou de camaraderie s'effaceront complétement et feront place au mérite réel et au patriotisme;

car il y a plus d'honneur et de gloire à être un brave soldat, qu'un officier ignorant.

« Dans tous les cas, quels que soient les résultats des élections, ils seront respectés : si les choix sont mauvais, la tâche du colonel sera difficile, pénible, et peut-être douloureuse ! Si, au contraire, les choix sont bons, sa mission sera aisée et le pays pourra compter sur la 2ᵉ légion.

« En attendant, que chacun se pénètre de cette idée : que ce sont les bons officiers qui sauvent les États et que les mauvais les perdent. »

Quelques gardes nationaux mobilisés ayant demandé encore l'ajournement des élections, le colonel s'y oppose et leur dit « qu'ils doivent comprendre que tout retard serait, en ce moment, préjudiciable aux intérêts de la défense nationale. Il est de toute nécessité, ajoute-t-il, que les électeurs se mettent en mesure de nommer leurs officiers après-demain. »

Pendant ce temps, les exercices et les théories suivent leur cours ordinaire. « On profitera du beau temps, prescrit le colonel, pour exercer les hommes aux divers mouvements de la marche de flanc, aux principes de conversion, à la formation du peloton, ainsi qu'aux mouvements de la colonne en route. »

Au rapport du 2 novembre, il est dit :

« Les élections des officiers, sous-officiers et caporaux des compagnies commenceront demain à sept heures et demie. Les commandants provisoires Duprez et Desroches sont priés de prendre, dès aujourd'hui, les dispositions nécessaires pour qu'il n'y ait aucun retard dans cette opération. Les votes auront lieu dans les chambres ou corridors qu'occupent les compagnies. Les capitaines feront prévenir les hommes de leurs compagnies, que leur présence est de toute nécessité pour les élections. Les hommes en permission ou employés à quelque titre que ce soit, devront être prévenus et recevoir l'ordre de venir voter. Les bulletins de vote seront distribués ce matin.

aux sergents-majors, par le capitaine-trésorier, à l'heure du prêt. »

Le même jour, le colonel assiste de deux à quatre heures: à l'exercice des 2ᵉ et 3ᵉ bataillons, et porte à la connaissance de la légion la proclamation suivante, adressée à l'armée par le ministre de la guerre, membre du Gouvernement de la défense nationale :

« Soldats !

« Vous avez été trahis, mais non déshonorés.

« Depuis trois mois la fortune trompe votre héroïsme. Vous savez aujourd'hui à quels désastres l'ineptie et la trahison peuvent conduire les plus vaillantes armées.

« Débarrassés de chefs indignes de vous et de la France, êtes-vous prêts, sous la conduite de chefs qui méritent votre confiance, à laver dans le sang des envahisseurs l'outrage infligé au vieux nom Français? En avant !

« Vous ne luttez plus pour l'intérêt et les caprices d'un despote; vous combattez pour le salut même de la patrie, pour vos foyers incendiés, pour vos familles outragées, pour la France, notre mère à tous, livrée aux fureurs d'un implacable ennemi. Guerre sainte et nationale, mission sublime, pour le salut de laquelle il faut, sans jamais regarder en arrière, nous sacrifier tous et tout entiers !

« D'indignes citoyens ont osé dire que l'armée avait été rendue solidaire de l'infamie de son chef. Honte à ces calomniateurs, qui, fidèles au système des Bonaparte, cherchent à séparer l'armée du peuple, les soldats de la République. Non, non : j'ai flétri, comme je le devais, la trahison de Sedan et le crime de Metz, et je vous appelle à venger votre propre honneur, qui est celui de la France.

« Vos frères d'armes de l'armée du Rhin ont déjà protesté contre ce lâche attentat et retiré avec horreur leur main de cette capitulation à jamais maudite. A vous de relever le drapeau de la France, qui, dans l'espace de quatorze siècles, n'a jamais subi pareille flétrissure. Le dernier *Bonaparte* et ses séïdes pouvaient seuls amonceler sur nous tant de honte en si peu de jours !

« Vous nous ramènerez la victoire ; mais sachez la mériter par la pratique des vertus militaires, qui sont aussi les vertus républicaines : le respect de la discipline, l'austérité de la vie, le mépris de la mort.

« Ayez toujours présente l'image de la patrie en péril.

« N'oubliez jamais que faiblir devant l'ennemi à l'heure où nous sommes, c'est commettre un parricide et en mériter le châtiment.

« Mais le temps des défaillances est passé. C'est fini des trahisons. Les destinées du pays vous sont confiées ; car vous êtes la jeunesse française, l'espoir armé de la patrie. Vous vaincrez, et, après avoir rendu à la France son rang dans le monde, vous resterez les citoyens d'une République paisible, libre et respectée.

« Vive la France, vive la République !

« Tours, le 1er novembre 1870.

> « *Le membre du Gouvernement, ministre de l'intérieur et de la guerre,*
>
> « Léon GAMBETTA »

Le colonel prescrit la lecture de cette proclamation à trois appels consécutifs.

Le 3 novembre, la légion verse au fort Lamothe les fusils chassepot, qui lui avaient été délivrés provisoirement pour les exercices, et reçoit, en échange, mais sans sabres-baïonnettes, les fusils Remington, qui, avant un mois, porteront l'effroi et la mort dans les rangs prussiens.

Le lendemain, au rapport du 4 novembre, il est dit :

« Sauf quelques erreurs regrettables, qui privent la légion de quatre ou cinq bons officiers, et particulièrement des capitaines Mereau et Pianelli, l'ensemble des élections pour les cadres des compagnies est généralement satisfaisant. Il est donc essentiel de procéder, dans le plus bref délai possible, à la nomination des trois chefs de bataillon.

« On se réunira à cet effet, demain, au Grand-Séminaire, à une heure de l'après-midi, pour l'élection des chefs de bataillon.

« Les électeurs, qui doivent prendre part à cette élection, sont :

« 1° Les trois officiers de chaque compagnie ;

« 2° Trois délégués par compagnie ;

« Ce qui forme, pour les trois bataillans, un total de 108 électeurs.

« Fidèle à son système de n'exercer aucune influence sur la volonté des électeurs, le colonel se borne seulement, à titre de renseignement, à signaler les citoyens ci-après, comme dignes d'occuper l'emploi de chef de bataillon :

« Desroches, capitaine de l'armée, élève de l'école Saint-Cyr, commandant provisoire des compagnies casernées au Grand-Séminaire ;

« Duproz, commandant provisoire du 1er bataillon ;

« Faivre, ancien lieutenant au 49e de ligne ; il a donné sa démission sous l'ancien régime et a servi dans le même régiment que le colonel ;

« Mouton, ancien lieutenant, capitaine-trésorier de la légion ;

« Gourdan, ancien sous-lieutenant démissionnaire, capitaine de la 1re compagnie du 3e bataillon.

« Il est de la plus grande nécessité que les élections soient terminées demain, pour que le colonel puisse commencer, après-demain, la vérification des procès-verbaux constatant les résultats des élections. »

A partir de ce même jour, 4 novembre, les distributions des effets d'habillement, d'équipement et de petit équipement sont faites journellement, et il est expressément défendu d'accorder des permissions de la journée.

Le 5, la batterie d'artillerie verse ses mousquetons et reçoit en échange des fusils Remington pour les canonniers et hommes non montés. La compagnie du génie est également **pourvue de fusils Remington.**

De son côté, le médecin-major de la légion, le docteur Fontan, organise, avec autant d'intelligence que d'activité, une véritable ambulance divisionnaire capable de rendre à la légion d'utiles services.

« En organisant le service médico-chirurgical, dit le docteur Fontan, dans un rapport très-intéressant, j'avais pour but de pouvoir donner à la légion, non-seulement les petits soins quotidiens de l'infirmerie, mais de remplir auprès d'elle le rôle d'une véritable ambulance divisionnaire de l'armée, et j'eus la satisfaction de voir mon but atteint, quand, quelques jours plus tard, dans les combats de la Bourgogne, vu la négligence de l'autorité supérieure, nous dûmes seuls donner nos soins non seulement aux soldats de la 2e légion, mais à ceux de la 1re légion, du 32e et 57e de marche, des batteries d'artillerie et des nombreux corps de francs-tireurs, qui constituaient l'armée du général Crémer, armée absolument dénuée de service médical organisé, je veux dire d'ambulance divisionnaire ou autre. »

Le 6, le colonel procède, pendant l'exercice du matin, à la vérification des élections des cadres du 1er bataillon, et il dit au rapport :

« Les élections pour le grade de chef de bataillon ont été faites irrégulièrement, en ce sens :

1° Que le vote devant avoir lieu au scrutin de liste, on n'a porté qu'un seul nom sur le bulletin de vote ;

2° Que les délégués, qui devaient prendre part au vote, ont été désignés, dans quelques compagnies, par les capitaines, au lieu de l'être par les électeurs ;

3° Que le bureau de recensement des votes a commis un excès de pouvoir en déterminant le rang d'ancienneté des chefs de bataillon, et en s'attribuant le droit de conférer au colonel, organisateur de la légion, la faculté de classer les chefs de bataillon selon son bon plaisir ;

« 4° Enfin, que les bulletins nuls n'ont pas été annexés au procès-verbal, ainsi que le prescrit la loi.

« Ces causes entraînent la nullité des élections. Les trois officiers et les trois délégués de chaque compagnie se réuniront aujourd'hui, à midi précis, au Grand-Séminaire, pour procéder à la nomination des chefs de bataillon.

« L'état nominatif des officiers et des délégués, par compagnie, qui doivent prendre part à cette élection, sera remis au colonel, par chaque capitaine, à midi, au Grand-Séminaire.

« La vérification des procès-verbaux des élections des 2e et 3e bataillons aura lieu immédiatement après l'élection des trois chefs de bataillon. Ces deux bataillons seront conduits sur le terrain de manœuvre, au clos Sarra, par le commandant Desroches.

« Le colonel prévient les officiers qu'aucun paiement ne leur sera fait, à titre de gratification d'équipement, que sur la présentation de leur lettre de service signée du préfet.

« En outre, le colonel croit devoir rappeler les dispositions de l'article 6 du décret du 14 octobre 1870, sur l'état de guerre, et dont la teneur suit :

« Tant que dure l'état de guerre d'un département, les
« gardes nationaux convoqués à la défense sont placés sous
« le régime des lois militaires; s'ils manquent aux appels,
« ou s'ils n'accomplissent pas leur devoir de soldat, ils sont
« passibles des peines prévues par le code de l'armée. »

« Or, ce code *punit de mort* tout militaire qui prend un commandement sans ordre ou motif légitime, ou qui le retient contre l'ordre de ses chefs. Les lois militaires punissent également de la destitution, avec emprisonnement d'un an à cinq ans, tout officier qui, pendant le service ou à l'occasion du service, outrage son supérieur par paroles, gestes ou menaces. La peine est de cinq ans à dix ans de travaux publics si le militaire est sous-officier, caporal ou soldat. Si les outrages n'ont pas eu lieu pendant le service ou à l'occasion du service, la peine est de un an à cinq ans d'emprisonnement.

« Le colonel désire vivement que ces dispositions soient constamment présentes à l'esprit de tout le monde. »

Ce même jour, le colonel porte à la connaissance de la

légion que les officiers et les délégués, convoqués pour élire trois chefs de bataillon, ont élu :

1° Le citoyen Desroches, à l'unanimité, moins deux voix ;

2° Le citoyen Mouton, également à l'unanimité, moins trois voix ;

3° Enfin, le citoyen Duproz, à la majorité de soixante-seize voix.

Le colonel, voulant concilier les intérêts du service aux désirs des officiers de la légion et à ceux des commandants Desroches, Mouton et Duproz eux-mêmes, décide qu'à compter du 6 novembre, le citoyen Desroches sera chef du 2° bataillon ; le citoyen Mouton, chef du 3°, et le citoyen Duproz, chef du 1er bataillon.

« Toutes les fois, ajoute l'ordre du colonel, que plusieurs bataillons de la légion seront réunis et que le colonel sera absent, le commandement appartiendra de droit au citoyen Desroches, ensuite au citoyen Mouton, puis au citoyen Duproz.

« En l'absence du chef de bataillon, le commandement du bataillon sera exercé provisoirement par le capitaine le plus âgé. »

Dans le rapport du 7 novembre, on lit :

« Le colonel a été très-mécontent de la lenteur que le 1er bataillon a mise à se réunir, hier, pour l'exercice du matin. A l'avenir, on prendra les noms des hommes qui arriveront en retard aux exercices; on les consignera et on les exercera à un peloton de punition qui sera commandé par un officier de semaine.

« Les exercices doivent toujours avoir lieu pour les compagnies qui ne sont pas retenues au magasin pour recevoir leurs effets d'habillement.

« Tout le 1er bataillon devra être entièrement habillé et équipé avant la fin de la journée. Les capitaines s'occuperont de la pose des galons qui doivent être fournis par David et Lévy.

« Le colonel verra le 1er bataillon à l'exercice de demain. Les hommes devront avoir sur eux leurs effets d'habillement et d'équipement. On les engagera à se défaire le plus tôt possible de leurs effets bourgeois. moins le pantalon qu'ils peuvent conserver.

« On doit s'abstenir d'apposer des marques sur les fusils ; ces armes seront numérotées pour toute la légion par un armurier qui sera désigné à cet effet.

« Les capitaines de compagnie, ainsi que le capitaine d'artillerie et le capitaine du génie, remettront ce soir, à quatre heures, au bureau du trésorier, un état nominatif indiquant. la composition de leurs cadres.

« Les officiers élus sont invités à prendre les dispositions nécessaires pour s'habiller et s'équiper dans le plus bref délai. Le colonel serait heureux de les voir habillés et armés avant la fin de la semaine. Les lettres de service de ces officiers leur seront remises avant cette époque. »

A partir du 9 novembre, les exercices ont lieu de sept heures et demie à neuf heures et demie du matin, et de une à quatre heures de l'après-midi. Le temps pour se rendre sur le terrain et pour en revenir est compris dans la durée de l'exercice.

L'exercice du matin est divisé en deux pauses. La première pause est commandée par les sous-officiers. On forme autant de classes qu'il y a de sous-officiers présents et on exécute :

1° Les positions du tireur, indiquées à l'école du soldat, n°s 229 et suivants ;

2° Les mouvements de joue et de feu. indiqués à l'école du soldat, n°s 242 à 246. On simule le mouvement d'armer pour éviter de détériorer l'arme ;

3° Les mouvements de porter l'arme sur l'épaule droite, étant l'arme au pied. et de reposer les armes, étant l'arme sur l'épaule droite.

La seconde pause est commandée par un officier. On exécute l'école de peloton. On s'attache aux alignements, aux feux, à la marche en bataille, à la marche en colonne par section; aux à-droite et à gauche et aux formations en bataille.

À l'exercice du soir, on répète, dans les deux premières pauses, ce qui a été exécuté le matin. La troisième pause est commandée par le chef de bataillon ou par un capitaine désigné à tour de rôle. On exécute, de préférence, les mouvements qui sont d'une fréquente application, tels que ceux relatifs aux diverses manières de passer de l'ordre en bataille à l'ordre en colonne; les feux de peloton, de demi-bataillon et de bataillon; la formation en carré et les différentes manières de passer de l'ordre en colonne à l'ordre en bataille.

Il est interdit de former les faisceaux avec les baguettes, qui ne sont pas assez résistantes pour supporter l'effort qui en résulte.

Le 9, le capitaine-major reçoit l'ordre de se mettre en mesure de commencer le plus tôt possible le *numérotage des fusils*, et les chefs de bataillon et les médecins sont invités à se rendre, à midi, à l'Exposition, pour choisir les chevaux auxquels ils ont droit.

Le 10 novembre, le colonel dit :

« Les prescriptions contenues dans le rapport du 8 novembre, relativement aux exercices, doivent être observées à la lettre. Chaque officier aura constamment sur lui une copie de ce rapport, et les chefs de bataillon veilleront à ce que les intentions du colonel soient remplies rigoureusement.

« Dans les *feux*, les hommes du second rang doivent appuyer de dix centimètres à droite; et dans la position de *joue*, leurs armes doivent dépasser le plus possible la main gauche de l'homme du premier rang. Avant de commander *joue*, les instructeurs auront soin d'indiquer la distance à laquelle les hommes devront tirer et feront disposer la hausse pour la distance indiquée. »

À l'exercice du soir, le capitaine Fond, de la 5ᵉ compagnie

du 1ᵉʳ bataillon, présente au colonel un tampon en cuivre, fort ingénieux et fort simple, dû à l'invention du légionnaire Crestin, de la même compagnie. Le colonel engage les hommes à se procurer un tampon semblable, qui facilitera l'exécution des feux et préviendra les accidents.

Le 11, un arrêté préfectoral nomme trois capitaines adjudants-majors. Le commandant Mouton est puni de huit jours d'arrêt de rigueur pour avoir contrevenu à un ordre du colonel, en se payant, comme trésorier, pour indemnité d'équipement, une somme de cent francs, en sus de celle à laquelle il avait droit. Le capitaine Gourdan le remplace provisoirement dans le commandement du 3ᵉ bataillon. Un détachement de trente francs-tireurs de la Mort (d'Alger), commandé par le lieutenant Héritier, est attaché à la légion par ordre du préfet du Rhône.

Le lendemain, samedi, le colonel passe la revue du 1ᵉʳ bataillon, au clos Jouve ; les hommes sont en tenue de route et pourvus de tous leurs effets, moins les grands bidons et les marmites.

Après la revue, les gratifications pour indemnité d'habillement et d'équipement, allouées aux officiers, à raison de 900 fr. pour les chefs de bataillon ; 600 fr. pour les capitaines, et 400 fr. pour les lieutenants et sous-lieutenants, sont payées aux officiers qui ont reçu la veille leurs lettres de service. Ce paiement s'effectue en présence des chefs de bataillon.

Le 13, le 3ᵉ bataillon commence à recevoir des effets d'habillement.

Le 14, un peloton d'instruction est formé dans chaque bataillon et exercé de midi à une heure. Les trois bataillons sont réunis au clos Sarra pour l'exercice du soir.

Le 15, il est prescrit aux clairons d'étudier la sonnerie pour ouvrir et fermer le ban. L'habillement du 3ᵉ bataillon est à peu près terminé. Il est délivré, dans la journée des ceintures de flanelle.

Au rapport du 16, il est dit :

« Le colonel est informé que plusieurs citoyens de la légion contractent des maladies vénériennes pour se soustraire à la fois à l'obligation et à la gloire de concourir à la délivrance du sol de la patrie, qui est en ce moment ravagé, pillé, rançonné par les hordes d'un roi furieux ou fou.

« Ces hommes doivent être déclarés mauvais citoyens, et leurs noms seront portés à la connaissance de la légion et de leurs familles. Le médecin-major remettra en conséquence au colonel l'état nominatif des gardes nationaux mobilisés qui ont été ou seront envoyés à l'hôpital pour maladie vénérienne.

« Le colonel est informé également que des gardes nationaux mobilisés rentrent à toute heure de la nuit et troublent le repos de ceux qui attendent avec impatience leur départ pour aller combattre l'envahisseur.

« Il importe que ce désordre cesse sur-le-champ. Il sera fait, à cet effet, un appel du soir, à huit heures et demie, en présence de l'officier de semaine de chaque compagnie, sous la surveillance d'un capitaine de semaine par caserne.

« Le colonel rappelle qu'il ne peut être délivré aux compagnies au-delà de 166 vêtements, et que les vêtements auxquels les capitaines, lieutenants et sous lieutenants élus ont droit, pour seconde tenue, doivent être compris dans ce nombre. Il ne leur est dû aucun effet de petit équipement ni de campement.

« En raison du mauvais temps, l'exercice du soir sera remplacé par une théorie sur le pointage et les règles du tir, ainsi que sur les marques extérieures de respect. »

Dans le rapport du 17, on lit :

« C'est avec un vif regret que le colonel apprend que des gardes nationaux mobilisés s'enivrent dans les circonstances douloureuses dans lesquelles la France se trouve en ce moment. L'ivresse est le vice de l'esclave et la source de tous les crimes.

Elle avilit l'homme, lui ôte le sentiment de sa dignité et de ses devoirs. Elle lui fait perdre l'esprit de patriotisme et le rend semblable à la brute ! Est-ce d'ailleurs pour s'enivrer que les citoyens et les hommes de bien se font pour un instant soldats ?

« Le colonel espère que des faits, tels que ceux qui lui ont été signalés dans les derniers rapports, ne se renouvelleront plus.

« Les capitaines presseront le plus possible l'habillement de leurs compagnies. Il n'y a pas un moment à perdre. Il faut que chacun se pénètre de cette idée : que notre liberté est en danger, et que notre devoir nous prescrit de nous mettre en mesure de chasser les oppresseurs.

« De leur côté, les adjudants-majors s'occuperont activement de l'instruction pratique des sous-officiers et caporaux. On ajoutera la charge aux mouvements qui ont été prescrits au rapport du 8. Cette charge sera exécutée telle que le colonel l'a fixée hier, de concert avec les adjudants-majors et le commandant Duproz. »

Il est procédé, le même jour, à la réception des officiers du 1er bataillon, au clos Jouve. Le lendemain 18, les dispositions suivantes sont ordonnées :

« L'immatriculation des gardes nationaux mobilisés étant terminée, les capitaines sont priés d'établir, dans le plus court délai possible, un livret pour chaque citoyen de la légion. On pourra se procurer des livrets, soit chez M. Pelletier, rue Dubois, 33, soit à la librairie Bonnaire, rue Gasparin. Le prix de ces livrets sera payé au moyen du prélèvement de cinq centimes par jour, qui est fait sur la solde des citoyens mobilisés.

« Les sabres-baïonnettes étant arrivés, il sera procédé immédiatement à leur distribution et à leur ajustage. Cette double opération commencera aujourd'hui même par les 1re et 2e compagnies du 1er bataillon. Les capitaines Desplats et Ulpat sont priés de prêter le concours de leurs connaissances spéciales pour la surveillance dans les ateliers de l'ajustage des sabres-baïonnettes.

« Les compagnies dont les fusils auront été portés aux
ateliers, n'assisteront pas moins aux exercices. Elles exécute-
ront les divers mouvements relatifs aux alignements et à la
marche, ainsi que les déploiements et les rassemblements de
l'école des tirailleurs.

« L'officier d'habillement est prié de prendre toutes les
dispositions nécessaires pour hâter la distribution des havre-
sacs. De leur côté, les capitaines sont invités à faire allonger
les grandes courroies qui seraient trop courtes pour contenir
les grands bidons sur la patelette du havre-sac.

« Notre départ pouvant avoir lieu dans le courant de la
semaine prochaine, il est prudent d'acheter du café et du
sucre au moyen des sommes prélevées sur la solde des hommes.
On ferait bien également d'engager les citoyens à prendre le
café tous les matins, avant l'exercice et de renoncer à boire
des liqueurs fortes.

« La pétition adressée au colonel, pour être soumise au
préfet, est désormais sans objet, puisque tous les citoyens
non-mariés de 25 à 40 ans sont appelés à faire partie des
3e et 4e légions du Rhône.

« Il sera procédé demain, à deux heures, au clos Sarra, à
la réception des officiers des 2e et 3e bataillons. Les officiers
seront en grande tenue ; la troupe portera le sac au dos. Les
hommes qui n'ont pas encore reçu leurs havre-sacs porteront
en sautoir les couvertures roulées dans les tentes-abris. »

Le 19, il est dit :

« Les ordres donnés au rapport d'hier, pour l'ajustage des
sabres-baïonnettes, n'ont pas été exécutés. Il en résulte un
retard regrettable. Il est de toute nécessité que les compagnies
se tiennent constamment prêtes à toucher leurs sabres-
baïonnettes et à porter leurs armes dans les ateliers que le
capitaine-major leur indiquera.

« Pour ne pas retarder davantage l'importante opération de
l'ajustage des sabres-baïonnettes, les exercices auront lieu
dans les cours des casernes, ou seront remplacés par des
théories dans les chambres jusqu'à ce que ce travail soit

achevé. La réception des officiers des 2ᵉ et 3ᵉ bataillons n'aura lieu également qu'après ce travail.

« Le supplément au rapport du 17, qui prescrivait la convocation des électeurs pour l'élection d'un chef de bataillon, en remplacement du citoyen Desroches, n'ayant pas été communiqué à toutes les compagnies et le candidat qui a obtenu le plus de suffrages, n'ayant pas réuni les deux tiers des voix. l'élection qui a eu lieu hier est invalidée. Il sera procédé à une nouvelle élection dimanche, à une heure. En attendant, le capitaine Desplats exercera provisoirement le commandement du 2ᵉ bataillon, tout en conservant, de concert avec le capitaine Ulpat, la surveillance des ateliers pour l'ajustage des sabres-baïonnettes.

« Notre départ étant très-prochain, les capitaines ne devront pas perdre un seul instant pour activer l'établissement des livrets, faire les approvisionnements en vivres. et prendre au magasin les guêtres et les flanelles, ainsi que les havre-sacs, les grands bidons et les marmites. L'officier d'habillement les préviendra de l'heure à laquelle ils pourront se présenter à son magasin.

« La remise du drapeau, qui devait avoir lieu demain, dimanche, est ajournée à mardi. Il faut que d'ici là tout le monde soit prêt. Le colonel compte sur le patriotisme de la légion pour obtenir ce résultat.

« La punition de deux jours de salle de police, infligée au citoyen Bouchard, de la 4ᵉ compagnie du 2ᵉ bataillon, pour réponse inconvenante envers son sous-lieutenant, et celle de huit jours de salle police prononcée contre le citoyen Chavot, de la batterie d'artillerie, pour un motif semblable, sont changées en huit jours de prison.

« Le colonel rappelle que l'article 224 du code pénal de justice militaire punit de cinq à dix ans de travaux publics, tout soldat qui outrage son supérieur par paroles, gestes ou menaces, et que ce code est applicable aux gardes nationaux mobilisés, conformément à l'arrêté du gouvernement du 14 octobre 1870. »

Le 20, le capitaine Nicorelli est élu chef de bataillon.

Le 21, le colonel se fait un devoir de porter la lettre ci-après à la connaissance de la légion :

« Lyon, le 20 novembre 1870.

« Monsieur le colonel, au lieu de deux cents paires de chaussettes que nous pensions réunir, nous avons le plaisir de pouvoir aujourd'hui vous en envoyer trois cent soixante-cinq paires. Nous serons bien contentes si nos soldats ont à les recevoir la même satisfaction que nous avons à les leur offrir. Toutes les dames, qui s'en sont occupées, vous prient, monsieur le colonel, d'agréer leurs vœux pour la glorieuse campagne de la 2e légion et son heureux retour.

« Recevez nos compliments et l'expression de notre haute estime.

« Madame A. HÉNON. »

« Interprète des sentiments de la 2e légion, le colonel déclare que c'est avec une vive gratitude que l'offrande des dames de Lyon a été acceptée, et décide qu'une copie du présent ordre, signée des membres du Conseil d'administration, sera remise à ces dames. »

Le 22, la légion reçoit le drapeau offert par les dames lyonnaises, et elle est passée en revue par le préfet du Rhône, commissaire extraordinaire de la République.

A cette occasion, le colonel lève toutes les punitions, même celles de prison, et dit dans son rapport du 22 :

« La légion n'étant composée que de sincères et courageux républicains, le colonel espère, qu'au défilé, chacun exprimera hautement son attachement au gouvernement républicain, par les cris de : Vive la République! Vive la France! »

Avant le défilé, le citoyen Hénon remet son écharpe de maire de la ville de Lyon, au colonel Ferrer, pour être placée sur le drapeau de la légion.

Les journaux du 23 novembre, ont rendu compte en ces termes, de cette revue et de la remise du drapeau :

« La 2e légion de marche du Rhône, sous le commandement du colonel Ferrer, a été passée en revue hier, par M. le préfet Challemel-Lacour, assisté de M. le général Bressolles. de M. Hénon, maire de Lyon et du Conseil municipal tout entier.

« A une heure un quart, l'état-major est arrivé sur la place Bellecour, et aussitôt la cérémonie a commencé par la remise du drapeau à la légion, par M. le préfet.

« Puis le défilé a eu lieu.

« La marche était ouverte par les 2e, 10e, 16, 17e et 21e bataillons de la garde nationale sédentaire, avec leurs musiques.

« La légion venait ensuite, précédée de sa fanfare. Son costume, moins sombre que celui de la première légion, son équipement remarquable, les magnifiques armes américaines dont elle est armée, et plus encore la belle tenue de ces trois mille deux cents hommes, exercés depuis si peu de temps et marchant déjà comme de vieilles troupes, tout cela faisait l'admiration de la foule enthousiaste, qui unissait ses cris à ceux de l'*ire la République*. que poussaient unanimement les jeunes légionnaires, en passant devant le Préfet et son état-major.

« Les éclaireurs de la légion, trente hardis volontaires. réunis et équipés par le lieutenant Héritier, sous le nom de *Francs-Tireurs de la Mort* (d'Alger). ont fait l'admiration unanime par leur belle tenue.

« C'était un beau spectacle, un de ces spectacles augustes qui fortifient les cœurs et relèvent les âmes. »

Le mercredi, 23. il est délivré douze sacs à distribution par compagnie; la légion est pourvue également de cartouches, à raison de 75 par homme, et reçoit l'ordre de se tenir prête à quitter Lyon, en chemin de fer. le samedi suivant.

A une heure, les trois bataillons se rendent au clos Sarra pour dresser les tentes. comme s'ils y devaient camper.

Le lendemain, jeudi, on commence le tir à la cible. Chaque homme tire cinq cartouches. Les chefs de bataillon, les adjudants-majors et les médecins aides-majors assistent au tir de leur bataillon.

Au rapport, il est prescrit :

1° D'observer le plus grand silence dans les rues, en allant au tir et en rentrant à la caserne ;

2° Aux capitaines, de mettre tout en ordre, de régler leurs comptes avec l'officier d'habillement, et de compléter leurs achats en sucre et café ;

3° A tout le monde, officiers et légionnaires, de se défaire de tous les objets et effets inutiles et de n'emporter que le strict nécessaire ;

4° De placer les vivres dans de petits sacs ou sachets et, autant que possible, dans les havre sacs ;

5° Enfin, à l'officier d'habillement, de se mettre en mesure de délivrer dans la journée une seconde paire de guêtres de toile par homme, pouvant être boutonnée par-dessus le pantalon, ainsi que les petites cordes des tentes-abris.

Dans cette journée du 24, le colonel écrit au général commandant la 8ᵉ division militaire, que la légion sera prête à partir le samedi 26.

Le vendredi, 25, deux hommes sont tués par imprudence au tir à la cible. Cet évènement donne lieu à l'ordre du jour suivant :

« Le nommé Viornery, de la 6ᵉ compagnie du 3ᵉ bataillon, en contrevenant aux ordres de ses chefs et en voulant enseigner à ses camarades ce qu'il ignorait lui-même, a tué au tir à la cible, les citoyens FRÉNÉA (Thomas) et DUMAS (Claude), de la même compagnie.

« Si les gardes nationaux mobilisés de la légion étaient plus attentifs aux recommandations de leurs chefs, s'ils s'abstenaient de parler et de boire, lorsqu'ils sont sous les armes, si, en un mot, la discipline était rigoureusement observée, un semblable malheur ne serait pas à déplorer et le pays ne se trouverait pas privé du concours de deux bons citoyens.

« Le nommé Viornery sera traduit devant un conseil de guerre, pour homicide involontaire, et sera écroué aujourd'hui même à la prison militaire. »

On n'a pas jugé à propos, à l'état-major général de Lyon, de donner suite à cette plainte, et le nommé Viornery a continué de faire partie de la légion.

Ce même jour, 25 novembre, le Préfet du Rhône, commissaire extraordinaire de la République, autorise le colonel Ferrer, à incorporer dans la légion 52 hommes dits : *Tirailleurs des Cévennes*, commandés par le capitaine Thibaud, et parfaitement habillés et équipés. Il leur est délivré des fusils Remington et 100 cartouches par homme.

Au rapport du 25, le colonel porte à la connaissance de la légion, l'ordre suivant, qu'il avait reçu la veille à six heures du soir :

« Lyon, le 24 novembre 1870.

« MON CHER COLONEL,

« En réponse à votre lettre en date de ce jour, j'ai l'honneur de vous informer que la 2ᵉ légion du Rhône partira pour Chagny, samedi 26 courant, en trois trains, savoir :

« Premier train, à midi ;

« Deuxième train, à neuf heures du soir ;

« Troisième train, à minuit (nuit de samedi à dimanche).

« L'embarquement aura lieu à la gare de Vaise, où chaque fraction de cette légion, qui est répartie dans ces trois trains, devra être rendue à la gare deux heures au moins avant l'heure fixée pour le départ.

« Veuillez agréer, etc.

« *Le général commandant la 8ᵉ division militaire*,

« BRESSOLLES »

En exécution de cet ordre, le colonel prescrit les dispositions suivantes :

« La compagnie du génie et le 1er bataillon devront être rendus à la gare de Vaise demain, à neuf heures et demie du matin.

« Le 2e bataillon, à six heures et demie du soir.

« L'état-major, le 3e bataillon, les Francs-Tireurs de la Mort et les Tirailleurs des Cévennes, à neuf heures et demie du soir.

« Il sera perçu aujourd'hui, sur des bons établis par le trésorier, deux jours de pain et de vivres de campagne, qui seront délivrés ce soir même aux compagnies.

« On emportera, pour les chevaux, quatre jours d'avoine.

« Chaque compagnie remettra au trésorier, avant onze heures, la situation des partants, qui servira à faire établir la feuille de route.

« Les appointements des officiers seront payés de deux à quatre heures.

« Les voitures, pour le transport des bagages des officiers du 1er bataillon, devront être chargées ce soir ou demain matin, de manière à être rendues à la gare de Vaise à neuf heures. Le commandant Duproz indiquera le lieu où les effets doivent être apportés pour le chargement.

« Les deux voitures du 2e bataillon seront chargées demain à deux heures, et devront être rendues à la gare de Vaise à six heures. Le lieu du chargement sera indiqué par le commandant Mouton.

« La voiture de l'état-major, celles du 3e bataillon et l'ambulance devront être chargées à quatre heures. La voiture de l'état-major sera chargée devant le logement du colonel. Elle recevra la caisse du trésorier, les effets du colonel, du capitaine-major, du trésorier, du porte-drapeau et de l'officier d'ordonnance du colonel. Les voitures du 3e bataillon et l'ambulance devront être chargées à la même heure devant la caserne de la rue Sainte-Hélène. Elles seront conduites à la gare de Vaise, par les soins du vaguemestre, une demi-heure avant l'arrivée du 3e bataillon.

« Le colonel renouvelle la recommandation de n'emporter que les effets strictement nécessaires.

« La journée d'aujourd'hui et celle de demain seront consacrées aux préparatifs de départ.

« A partir de demain, les officiers et soldats de la légion (artillerie, génie et infanterie) auront droit aux mêmes prestations que l'armée. »

Après avoir ordonné ces dispositions, le colonel fait connaître en ces termes, l'objet de la mission qui est confiée à la 2ᵉ légion :

« GARDES NATIONAUX MOBILISÉS,

« La patrie nous a armés pour la délivrance de son territoire.

« Que cette idée soit toujours présente à notre esprit et nous prouverons de nouveau qu'on ne subjugue point un peuple qui combat pour ses propriétés, sa liberté, son honneur !

« Marchons donc à l'ennemi avec une résolution inébranlable. Point d'hésitation ni de faiblesse. Ne sommes-nous pas les enfants de la terre des braves ? Prouvons que le courage français n'a point dégénéré, et que nous sommes les dignes fils des vainqueurs de Jemmapes et de Valmy, qui délivrèrent la patrie du joug des Prussiens, au nom de la liberté et aux cris de Vive la France ! Vive la République !

« Comme eux, combattons pour les droits de l'humanité : je compte sur vous, comptez sur moi !

« Lyon, le 25 novembre 1870.

« *Le Colonel,* FERRER. »

Le lendemain, 26, il est prescrit aux capitaines d'établir les feuilles de prêt du 26 au 30 novembre, et d'en toucher le montant à la caisse du trésorier avant le départ. Il est remis, au commandant Duproz, une somme de 5,000 fr., pour assurer la solde du 1ᵉʳ bataillon, et une somme sem-

blable au commandant Mouton, pour la solde du 2ᵉ bataillon. Enfin, le capitaine d'artillerie et le lieutenant commandant le petit dépôt, reçoivent chacun une somme de
deux mille francs pour les besoins du service.

La légion, au moment de son départ de Lyon, déduction
faite de l'artillerie, qui n'était pas encore prête, présente
un effectif de :

          76 Officiers ,
       3,048 Sous-officiers et soldats,
           3 Cantinières,
          27 Chevaux,
           2 Voitures d'ambulance,
          11 Voitures de bagages,
           1 Prolonge pour les outils du génie.

Les cadres des officiers se trouvent composés comme il
suit :

ÉTAT-MAJOR :

Colonel .... FERRER.
Chef du 1ᵉʳ bataillon .... DUPROZ.
Chef du 2ᵉ bataillon............... MOUTON.
Chef du 3ᵉ bataillon .... NICORELLI.
Capitaine-major.................. CLERC (Jules).
Capitaine adjudant-major du 1ᵉʳ bat. CHÉRY.
              —   du 2ᵉ bat. MATHELIN.
              —   du 3ᵉ bat. MÉREAU.
Capitaine-trésorier................ GAUTHIER (Célestin).
Officier d'habillement............. LOUPY.
Porte-drapeau. .... VIOLLANT.
Médecin-major.................... FONTAN.
Médecin aide-major............... MOCQUIN.
        —   .... GIGARD.
        —   .... JULLIEN.
        —   .... CLERC.

Bataillons.	Compagnie.	Capitaines.	Lieutenants.	Sous-lieutenants.
	1re	Perret.	Rendu.	Gallet.
	2e	Masse.	Chapon.	Madinier.
	3e	Larroux.	Sorber.	Ressicaud.
1er	4e	Morin.	Clarion.	Luzand.
	5e	Fond.	Colleuille.	Sibila.
	6e	Decour	Coucty.	Montibert.
	1re	Sandoz.	Chabert.	Lagresle.
	2e	Desplats.	Ginelier.	
2e	3e	Jauffret.	Vessière.	Bevalet.
	4e	Mouton	Chorein.	Chaîne.
	5e	Clément.	Paly.	Laveur.
	6e	Benedetti.	Simonin.	Droisneau.
	1re	Gourdan.	Valfort.	Datheil.
	2e	Ulpat	Roave.	Rollet.
3e	3e	Rogemond.	Séror.	Bouet.
	4e	Ravut.	Mouton.	Pontdeveau.
	5e	Ferrer (Auguste)..	Candy.	Fayolle.
	6e	Gerboz.	Blanc.	
Compagnie du génie.		Saffrey. Gonnard.	Marimbert. Ronjat	
Tirailleurs des Cévennes.		Thibaud.		
Francs-Tireurs de la Mort (d'Alger).			Héritier.	

II

DÉPART DE LA LÉGION

Le 26 novembre 1870, le 1ᵉʳ bataillon et la compagnie du génie partent de la gare de Vaise, à midi ; le 2ᵉ bataillon , à 9 heures du soir : et l'état-major et le 3ᵉ bataillon, avec les tirailleurs des Cévennes et les francs-tireurs de la Mort, à minuit. Beaune est leur destination.

A son arrivée à Beaune, le 27, à huit heures du matin, le colonel se présente chez le général Cremer, qu'il trouve au lit, et qui lui apprend que le 1ᵉʳ bataillon doit partir en chemin de fer, à dix heures, pour se rendre à Nuits, où le général Cremer se rend après son déjeûner.

Le colonel rentre dans son logement, chez M. Richard-Marchand, rue Saint-Martin, 14, et donne les ordres suivants :

« Le capitaine adjudant-major Mathelin, remplira les fonctions de capitaine-major, en remplacement du citoyen Clerc, qui part en permission pour Lyon.

» Le colonel étant informé que des compagnies n'ont pas le nombre de cartouches réglementaire, les chefs de bataillon lui feront connaître quelles sont ces compagnies et quelles sont les causes qui les ont empêché de s'en procurer avant leur départ de Lyon.

« On rendra également compte au colonel des armes qui ont été détériorées ou perdues, et de celles qui se trouvent en trop dans les compagnies.

« Il sera fait un appel sérieux des hommes présents; tous les hommes manquant, ou dans une position d'absence irrégulière, seront portés sur un état nominatif qui sera envoyé à

3

la gendarmerie, pour que ces hommes soient arrêtés et ramenés à la légion.

« Le paquetage est généralement mal fait ; la seconde paire de souliers est exposée à la pluie, les marmites et les bidons sont portés à la main, au lieu d'être fixés sur les havre-sacs. Toutes ces irrégularités doivent disparaître.

« Les hommes ne recevront que les vivres et la solde de campagne. Il est nécessaire de leur faire faire leur nourriture dans les ustensiles de campement : c'est dans ce but que ces objets ont été délivrés.

« Des légionnaires se plaignent de n'avoir pas reçu leur solde pour la journée de vendredi et celle de samedi. Cette solde doit être payée sur-le-champ.

« Toutes les fois que les compagnies sont sous les armes, les officiers doivent se tenir près de leurs hommes, assurer l'exécution des ordres et maintenir la discipline. Sans une attention continuelle pour tous ces détails, il ne peut y avoir qu'anarchie et désordre.

« Les compagnies toucheront aujourd'hui les vivres de campagne pour quatre jours. Il sera commandé tous les jours un capitaine chargé des distributions.

« Les colis des officiers doivent porter leurs noms et la compagnie à laquelle ils appartiennent, et être placés dans les voitures qui leur sont affectées. Tout colis, dont le propriétaire ne sera pas désigné d'une manière distincte, ne sera pas reçu sur les voitures.

« Le colonel renouvelle la recommandation d'apporter le plus grand soin dans l'entretien des armes et dans la conservation des munitions. L'importance des armes et des munitions exige, des commandants de compagnie et des chefs de bataillon, une surveillance incessante. »

Vers quatre heures du soir, le colonel reçoit l'ordre de faire partir en chemin de fer le second bataillon, pour se rendre à Nuits. Le colonel prend les dispositions nécessaires pour assurer l'exécution de cet ordre, et envoie une dépêche au général pour lui faire observer que l'instruction des

bataillons n'est pas suffisante pour que ces bataillons puissent
opérer séparément, et qu'il est de toute nécessité que la
légion reste constamment réunie.

Le général répond qu'il ne demande pas mieux, et invite
le colonel à aller le rejoindre à Nuits avec le 3e bataillon.

Ce bataillon et les francs-tireurs attachés à la légion mon-
tent en chemin de fer, à Beaune, le 28 novembre, à trois
heures et demie du matin, et arrivent à Nuits une demi-
heure après.

La colonne se rend de la gare à la place de la Mairie,
c'est-à-dire au centre de Nuits, sans rencontrer ni un poste
ni une sentinelle.

Étonné de ce manque de vigilance, le colonel demande à
haute voix le logement du général. Celui-ci ouvre une fenê-
tre et s'écrie :

— Ah ! c'est vous, colonel?

— Oui, mon général.

— Eh bien ! logez votre monde, la Mairie est en face de
vous.

On demande à la Mairie des billets de logement, qui
n'étaient pas encore préparés, ce qui cause naturellement
une perte de temps. On finit cependant par loger tous les
légionnaires avant le jour.

Le colonel rentre alors chez lui, ou plutôt chez M. Paquis,
et, une heure après environ, l'aide de camp du général vient
lui dire que la légion doit envoyer une compagnie de grand'-
garde à Agencourt, Boncourt et la Berchère, pour relever une
compagnie du bataillon de la Gironde. De plus, on prévient
le colonel, que le général a l'intention de passer la revue des
1er et 2e bataillons à dix heures.

— En attendant, ajoute l'aide de camp, si vous voulez,
mon colonel, nous irons visiter l'emplacement de votre
grand'garde.

— Volontiers ! répond le colonel, qui donne aussitôt quelques ordres pour la revue du général ; commande la 1ʳᵉ compagnie du 2ᵉ bataillon pour le service demandé, monte à cheval et se rend à Agencourt avec l'aide de camp.

Agencourt est à trois kilomètres en avant de Nuits. Aucun poste intermédiaire, aucune sentinelle ne reliait cette localité avec Nuits : « Mais ce n'est pas ainsi qu'on établit les grand'gardes, dit le colonel Ferrer à l'aide de camp du général Cremer, jeune homme de 22 ans et chef d'escadron !..... l'ennemi peut enlever la compagnie que l'on place ici, sans qu'on en soit informé à Nuits avant le moment où l'on viendra la relever. »

Non, il n'est pas possible, lorsque j'y songe, de faire preuve, sur ce point, d'une plus grande ignorance de la guerre.

Rentré à Nuits, le colonel trouve une partie des deux premiers bataillons réunis. Il presse la formation en bataille de ces bataillons, que le général passe en revue à dix heures.

Après la revue, les deux bataillons sont formés en colonne serrée par peloton, sur une promenade de la ville. Le général se place au centre et prononce une allocution chaleureuse, qui est couverte des plus vives acclamations.

Au rapport, le colonel prescrit les mesures suivantes :

« Les capitaines enverront les sergents-majors à la Gare, pour reconnaître à qui appartiennent les

   52 fusils Remington,
   45 havre-sacs,
   12 marmites,
    4 couvertures,
    6 petits bidons,
    6 ceinturons,
    3 tentes-abris,
    3 sacs à distribution,

qui ont été laissés à Beaune, et que le capitaine faisant fonc-

tions de major a apportés à Nuits. Les hommes à qui ces effets
ou objets appartiennent seront punis sévèrement. Le colonel
prévient les capitaines que les armes et effets perdus leur seront
imputés conformément au règlement.

« Les huit hommes entrés à l'hôpital de Beaune, le 27
novembre, n'avaient que 24 cartouches au lieu de 75. Les
capitaines passeront une revue minutieuse des munitions, et
rendront à leurs chefs de bataillon un compte exact des cartouches existantes dans leurs compagnies.

« Le colonel rappelle, qu'au terme du règlement, un état
nominatif indiquant l'adresse des officiers, sergents-majors et
fourriers, doit être affiché au corps de garde, aussitôt après
l'arrivée au gîte.

« La garde de police sera composée de deux hommes par
compagnie. La retraite sera sonnée à sept heures et demie, et
l'appel aura lieu à huit heures. Il sera rendu par l'officier de
semaine au capitaine de jour, devant le poste de police. Les
capitaines n'oublieront pas qu'ils doivent rendre cet appel au
chef de bataillon de semaine et au colonel. Le commandant
Mouton prend le service de semaine.

« Le légionnaire Morel (Jean), de la 6e compagnie du 2e bataillon, sera puni de quinze jours de prison, pour avoir
adressé au colonel une réclamation mal fondée et sur un ton
inconvenant. Les hommes punis de prison n'ont pas droit aux
centimes de poche.

« Les situations journalières doivent être remises journellement à six heures du soir à l'adjudant de chaque bataillon,
qui les présentera à l'adjudant-major et au chef de bataillon,
et les portera ensuite au capitaine trésorier. »

A midi, le 1er bataillon est envoyé en reconnaissance sur
la route de Nuits à Dijon, et ne rentre qu'à quatre heures et
demie du soir. Trois heures après, le colonel reçoit l'ordre
de faire rentrer tous les postes et de se replier immédiatement
avec la légion sur Beaune. Le colonel prend les dispositions
nécessaires pour assurer l'exécution de ces prescriptions ; se
rend à Agencourt avec l'aide de camp du général ; en ramène

la 1ʳᵉ compagnie du 2ᵉ bataillon, et le mouvement rétrograde s'effectue dans la nuit du 28 au 29 novembre, en chemin de fer pour les trois bataillons, et par la route de Nuits à Beaune pour les bagages, l'ambulance et les chevaux. Ce mouvement de retraite s'exécute avec répugnance, avec indignation : le mécontentement est général et hautement exprimé.

Le colonel porte les sentiments des légionnaires à la connaissance du préfet du Rhône et du général commandant la 8ᵉ division, par une lettre qu'il leur écrit le 29, à huit heures du matin, et qui commence par ce mot : « Déception ! »

Il les informe qu'il n'existe aucune unité dans le commannement, ni entente entre le général de division et le général de brigade, et qu'il ne peut en résulter que des défaites, et peut-être même des désastres.

Après l'envoi de cette lettre, le colonel dit au rapport du 29 :

« Les capitaines enverront les sergents-majors au poste de police, pour reconnaître les effets ramenés de Nuits.

« Le colonel recommande de faire la soupe dans chaque compagnie. Il invite les capitaines à y veiller, et à donner à l'avenir tous leurs soins aux préparatifs de départ, afin d'éviter ce qui est arrivé jusqu'à ce jour, c'est-à-dire de laisser des armes et autres effets dans les logements.

« On fera rechercher les effets qui ont été égarés ou abandonnés par les hommes. Les capitaines feront réparer les havre-sacs, les ceinturons et généralement tous les effets détériorés depuis notre départ de Lyon. Les réparations devront être faites soit par des ouvriers choisis dans les compagnies, soit par les ouvriers de la ville. Il est urgent que les réparations soient faites dans la journée.

« La garde sera relevée à onze heures du matin. »

Le supplément au rapport du 29 novembre, contient les prescriptions suivantes :

« Il sera formé dans chaque casernement un piquet de

trente hommes, prêt à prendre les armes au premier signal.
Ce piquet sera commandé par un officier.

« Appel tous les jours avec armes et bagages, à neuf heures
du matin, en dehors et à gauche de l'Arc-de-Triomphe.

« Un sergent de planton sera placé à la porte du casernement de chaque compagnie pour surveiller la tenue. Tout
homme rencontré en ville dans une tenue irrégulière sera
puni. »

A neuf heures du soir, au café, le général de brigade reçoit
un télégramme qui l'informe du rappel, à Lyon, du général
de division, et lui confère le commandement en chef des
légions du Rhône : « C'est moi qui commande ici ! s'écrie le
général Cremer après la lecture de la dépêche télégraphique :
« Demain nous partirons pour Nuits. »

Deux heures après, l'aide de camp Hennequin vient prévenir le colonel Ferrer, que le général de division a puni de
quinze jours d'arrêts de rigueur le général Cremer, et,
comme celui-ci craint que le général de division le fasse
arrêter et emprisonner par des gendarmes, il le prie de lui
envoyer une garde de dix hommes sous le commandement
d'un sergent. Le colonel s'empresse de fournir cette garde,
et le lendemain, 30, à l'appel du matin, il fait lire l'ordre du
jour suivant :

« GARDES NATIONAUX MOBILISÉS,

« Notre mouvement rétrograde de Nuits sur Beaune, a
« excité votre juste indignation, et a ramené le rappel à Lyon
« du général qui l'avait ordonné.

« Que le mouvement en avant que nous allons exécuter
« aujourd'hui même, excite votre ardeur et réveille les sen-
« timents qui vous animaient lors de votre départ de Lyon.

« Désormais, les légions du Rhône sont placées sous le
« commandement en chef du général Cremer, celui-là même
« qui vous a reçus à Nuits, et que vous avez accueilli de vos
« sympathiques acclamations.

« Accordez-lui la confiance que vous m'avez témoignée
« tant de fois, et nous prouverons que la France a encore des
« enfants sur le courage et le patriotisme desquels elle peut
« compter !

« Beaune, le 30 novembre 1870.

« *Le Colonel :* Ferrer. »

III

COMBAT DE NUITS DU 30 NOVEMBRE 1870

La légion se réunit conformément à l'ordre donné la veille, et se forme en bataille sur la route de Nuits, en dehors de la ville de Beaune, la gauche appuyée à l'Arc-de-Triomphe, le 30 novembre, à dix heures du matin. Elle présente un effectif de :

75 officiers,
2,922 sous-officiers et soldats.

Depuis son départ, la légion avait perdu un officier, renvoyé à Lyon, et 126 hommes. Une vingtaine de légionnaires, il est vrai, étaient entrés à l'hôpital, mais les autres pouvaient être considérés comme déserteurs.

Parmi ces derniers, se trouvait l'adjudant Dulaurens (Gaston), né à Lyon le 20 janvier 1842, demeurant rue Ravez, 6, qui a abandonné la légion le jour même de son départ de Lyon, après avoir été habillé, après avoir reçu une indemnité d'équipement de 140 fr. et un sabre d'officier du prix de 43 fr. ! Pourquoi les signalements de déserteur, qui ont été envoyés à la gendarmerie pour faire rechercher l'adjudant Dulaurens, sont-ils restés sans effet ? C'est ce qu'on ignore.

A dix heures et demie, le général passe devant le front de la légion. Il est accueilli par les cris enthousiastes de : *Vive la République! Vive le général!* Et la colonne se met en marche dans l'ordre suivant :

1° Les tirailleurs des Cévennes, ayant une extrême avant-garde de quatre hommes à six cents mètres, une avant-garde intermédiaire de huit hommes à trois cents mètres et le restant du peloton à trois cents mètres en arrière, sous le commandement du capitaine Thibaud ;

2° Les francs-tireurs de la Mort (d'Alger), en un seul peloton, à deux cent cinquante mètres derrière les tirailleurs des Cévennes, sous le commandement du lieutenant Héritier. L'officier d'habillement Loupy, arrivé la veille à Beaune, marche avec les francs-tireurs de la Mort (d'Alger) :

3° La compagnie du génie et sa prolonge ;

4° Les trois bataillons de la légion dans leur ordre naturel ;

5° L'ambulance et les bagages ;

6° Deux compagnies du 3ᵉ bataillon forment l'arrière-garde.

Arrivé à Comblanchien, vers une heure, le général est informé de la présence de l'ennemi à Nuits, et prévient le colonel, qui fait accélérer le pas à la colonne, envoie la compagnie du génie pour garder les bagages et rappelle les deux compagnie d'arrière-garde.

A Prémeaux, les tirailleurs des Cévennes, les francs-tireurs de la Mort (d'Alger) et le 1ᵉʳ bataillon de la légion prennent un sentier à gauche de la route et se portent sur les hauteurs qui dominent Nuits du côté de Chaux. Le général se place à la tête de cette colonne, rejoint les francs-tireurs des Vosges, prend l'offensive en menaçant de couper la retraite aux Prussiens.

Les 2ᵉ et 3ᵉ bataillons de la légion, précédés de la 1ʳᵉ compagnie du 2ᵉ bataillon, déployée en tirailleurs, suivent la route de Dijon, en évitant de s'exposer au feu de l'ennemi.

Arrivée à quatre cents mètres de Nuits, la 1ʳᵉ compagnie du 2ᵉ bataillon (capitaine Sandoz), se maintient courageusement sous le feu des tirailleurs prussiens, sans être ébranlée, sans éprouver de pertes et en répondant avec calme par un tir bien réglé. Le sergent Aubry et les légionnaires Rajon.

membre du conseil municipal de Tarare; Bœgner, avocat,
et Dieterlen, étudiant en médecine, se font remarquer d'une
manière toute particulière par leur sang-froid et leur intrépidité. Le colonel, qui dirige en personne sa ligne de tirailleurs, a son cheval tué sous lui.

Démonté, et sûr que la 1re compagnie du 2e bataillon (capitaine Sandoz) peut se maintenir et se maintiendra dans la
position où elle a été placée, le colonel détache les 5e et 6e
compagnies du 3e bataillon (capitaines Ferrer et Gerboz) à
la gauche de la 1re compagnie du 2e bataillon, pour le relier
au 1er bataillon et dominer la position des Prussiens.

Pendant ce temps, le 1er bataillon continue son mouvement, couvert par les francs-tireurs des Vosges, ceux de la
Mort (d'Alger) et les tirailleurs des Cévennes, qui dirigent
leur tir sur l'ennemi formé en colonne en dehors de Nuits,
sur la route de Dijon, et lui font beaucoup de mal. Le clairon
Bony (Louis), des tirailleurs des Cévennes, est blessé mortel-
lement. L'officier d'habillement Loupy, de la 2e légion, s'empare du fusil et des cartouches du clairon et lui promet de
le venger.

Le combat se poursuit ainsi pendant deux heures ; mais,
enfin, les fusils Remington parviennent à triompher des fusils à aiguille et des canons prussiens. Une petite colonne
ennemie se porte en avant de son artillerie pour s'emparer
des hauteurs de Chaux. Le feu de nos francs-tireurs l'oblige
à se replier précipitamment sur le gros de l'armée et cherche
un abri dans l'intérieur de la ville. Bientôt toute l'armée ennemie se replie sur Nuits. Les tirailleurs de la légion et ceux
des Vosges continuent leur marche en avant, en profitant de
tous les accidents de terrain. Les plus courageux de ces tirailleurs, à la tête desquels se trouve le lieutenant d'habillement
Loupy, pénètrent dans Nuits, marchent sur les Prussiens,
qu'ils joignent, qu'ils forcent à battre en retraite par leur
audacieuse témérité, et qui fuient dans la plus honteuse con-

fusion. Le lieutenant Blanc, de la 2ᵉ légion, avec quelques
hommes des 5ᵉ et 6ᵉ compagnies, arrive sur la place de
l'Hôtel-de-Ville, se joint aux francs-tireurs qui se trouvent
avec le lieutenant Loupy, se porte sur la route de Boncourt,
et fusille l'ennemi qui fuit dans cette direction.

En ce moment, les francs tireurs de la Mort avec le lieutenant Héritier, les tirailleurs des Cévennes du capitaine
Thibaud, les compagnies des capitaines Ferrer et Gerboz et
le 1ᵉʳ bataillon tout entier pénètrent dans Nuits : les uns dé-
couvrent quelques Prussiens qui s'étaient cachés dans les
maisons et leur situation est réglée.... ; les autres se lancent
résolument à la poursuite de l'ennemi. La 2ᵉ légion électrisée,
enthousiasmée, fait son entrée dans Nuits, satisfaite de son
premier succès, qui lui coûte deux hommes tués : le clairon
Bony, des tirailleurs des Cévennes, et le légionnaire Deborde
(Philibert), de la 1ʳᵉ compagnie du 1ᵉʳ bataillon ; et deux
blessés : le capitaine Perret, de la même compagnie, et le
légionnaire Savoie (Eugène), de la 6ᵉ compagnie du 1ᵉʳ bataillon. Les francs-tireurs des Vosges éprouvent également
quelques pertes.

Le général Cremer, dans son rapport sur cette affaire, cite
comme s'étant particulièrement distingués, — indépendam-
ment de tous ses aides de camp, — le colonel Ferrer, le capitaine adjudant-major Chéry et le jeune clairon Goy, à peine
âgé de quinze ans. C'est sans doute par oubli que le sergent
Salagnard, membre du conseil municipal de Tarare, qui a
fait preuve du plus grand courage, n'a pas été cité dans le
rapport du général Cremer.

De son côté, le colonel rédige l'ordre ci-après :

« ORDRE DE LA LÉGION

« Le colonel témoigne à la légion sa vive satisfaction pour
l'entrain, l'intrépidité et la confiance dont les hommes ont fait
preuve dans l'engagement d'hier.

« Le détachement de Tarare, qui a eu l'honneur de tirer les premiers coups de fusil, s'est bravement conduit en se maintenant constamment dans la position périlleuse qui lui avait été assignée. Le colonel est heureux de le déclarer hautement et de lui en exprimer sa reconnaissance.

« Les tirailleurs des Cévennes et les francs-tireurs de la Mort (d'Alger) ont été admirables d'audace et de vigueur. Le colonel félicite d'une manière toute particulière le capitaine Thibaud, commandant les tirailleurs des Cévennes, et le lieutenant Héritier, commandant les francs-tireurs de la Mort (d'Alger).

« En un mot, toute la légion a noblement fait son devoir, et le colonel serait heureux de pouvoir citer nominativement tous ceux qui en font partie. Il se borne à remercier les commandants Mouton, Duprez et Nicorelli, et les officiers de l'énergique concours qu'ils lui ont prêté.

« Aussitôt que le colonel aura reçu des officiers supérieurs et des capitaines les renseignements qu'il leur a demandés, il établira des états de proposition pour des récompenses.

« Nuits, le 1ᵉʳ décembre 1870.

                              « *Le Colonel*, FERRER. »

Ce même jour, au rapport, il est dit :

« Les compagnies prendront leurs dispositions pour continuer le mouvement en avant. On complètera les cartouches. On se procurera les vivres de campagne. Les armes devront être en bon état ; les chaussures graissées, et, s'il y a lieu, on réparera l'équipement.

« Les hommes pourront se reposer un peu et éviteront de courir les rues et les cabarets, de manière à être constamment prêt à prendre les armes.

« Les capitaines remettront aujourd'hui même au colonel l'état nominatif des hommes qui ont été blessés ou tués dans la journée d'hier.

« En raison de la proximité de l'ennemi, on redoublera de vigilance. Les postes seront portés un peu plus loin, mais reliés entre eux et en vue de la place. Si l'ennemi effectue un mouvement, il en sera rendu compte sur-le-champ à l'officier de garde, au poste de police, au colonel et au général. »

En exécution de ces prescriptions, les tirailleurs des Cévennes sont placés dans un enclos, à quatre cents mètres en avant de Nuits. Ils s'établissent dans la maison qui se trouve au centre de l'enclos et qui leur permet de découvrir au loin. Les francs-tireurs de la Mort (d'Alger) vont occuper, sur le chemin de fer, la maison d'un garde barrière, à gauche et à deux cents mètres en avant des tirailleurs des Cévennes, qui sont reliés sur leur droite avec la compagnie de grand'garde du 3e bataillon, établie à la gare du chemin de fer, et sur leur gauche, avec la compagnie de grand'garde du 2e bataillon, placée en avant de Nuits sur la route de Dijon.

A dix heures, l'ennemi est annoncé. Le général en prévient le colonel et va avec le bataillon de la Gironde s'établir sur la montagne de Chaux. La 2e légion du Rhône reste à Nuits. Elle se fortifie dans ses positions. Elle connaît la valeur du Remington qu'elle a entre les mains : elle attend résolument l'ennemi.

Mais, c'était une fausse alerte : une légère escarmouche seulement a eu lieu en avant de la 4e compagnie du 2e bataillon (capitaine Mouton) de grand'garde sur la route de Dijon. Un sergent et un mobilisé d'une compagnie du bataillon de la Gironde, qui se trouvait également de grand'garde sur ce point, ont été blessés.

A quatre heures du soir, des ambulances prussiennes se présentent aux avant-postes pour prendre leurs blessés de la veille. La compagnie du bataillon de la Gironde d'extrême avant-garde les laisse passer. Mais, arrivées au poste intermédiaire, qu'occupait la 4e compagnie du 2e bataillon, ces ambulances sont arrêtées par le capitaine Mouton, qui en donne avis sur-le-champ au colonel. Celui-ci vent retenir et constituer prisonniers de guerre tous les conducteurs des voitures des ambulances prussiennes, ainsi que les médecins et officiers prussiens qui les accompagnent. Le général Cremer est d'un avis contraire, et renvoie les officiers et soldats prussiens, en leur donnant l'assurance que leurs blessés étaient parfaitement soignés par nous. C'est là un procédé contraire à toutes les règles de la guerre : le colonel Ferrer en est étonné et le déclare hautement. Il commence à croire que le général Cremer est bien jeune et n'a pas eu le temps de lire les *Instructions secrètes* de Frédéric-le-Grand à ses généraux.

Dans la nuit du 1er au 2 décembre, le légionnaire en faction devant le drapeau, tire un coup de fusil sur un éclaireur du Rhône, qu'il prend pour un Prussien, et le tue. Le colonel, que ce coup de feu attire sur le lieu de l'accident, blâme sévèrement le factionnaire et le sergent Jacob de la 6e compagnie du 1er bataillon, celui-ci de son manque de vigilance, celui-là de sa déplorable précipitation, et fait transporter à l'hôpital le cadavre de ce malheureux éclaireur du Rhône.

IV

COMBAT DE CHATEAUNEUF ET DE VANDENESSE

Le 2 décembre, la légion quitte Nuits à cinq heures du matin. Elle passe à Ladoué, où elle fait la grand'halte, traverse Savigny et va coucher ou plutôt camper à Lusigny, où elle arrive à trois heures de l'après-midi, et rejoint la 1ʳᵉ légion du Rhône.

A minuit, le colonel reçoit du général Cremer la lettre ci-après :

« Mon cher Ferrer.

« Il faut partir à quatre heures avec le colonel Poullet, qui vous communiquera les renseignements. Vous passerez par Bligny, Paquier, et attaquerez Sainte-Sabine. Vous avez en avant-garde le bataillon de la Gironde, que je veux faire donner, pour que toute la brigade ait tâté du feu. — Je vous laisse les éclaireurs et leurs canons. Je pars avec la 1ʳᵉ légion et j'attaquerai par la droite à Vandenesse. Hâtez votre marche dès que vous entendrez mon canon, et attaquez carrément, selon votre habitude.

« Bonne chance et vive la République ! Nous enverrons demain une dépêche à Lyon.

« CREMER.

Cet ordre est communiqué sur-le-champ aux compagnies de grand'garde, ainsi qu'aux officiers logés avec le colonel, au château de Lusigny.

Le 3, à deux heures du matin, le colonel réveille lui-même les officiers, ordonne aux légionnaires de faire le café, de plier les tentes, et les prévient que le départ aura lieu aussitôt qu'ils seront prêts.

A trois heures et demie, les compagnies de grand'garde. placées sur les hauteurs qui dominent Lusigny, rejoignent la légion, qui se met en marche à quatre heures précises du matin, précédée des infatigables tirailleurs des Cévennes et des intrépides francs-tireurs de la Mort (d Alger).

A Bligny, la légion rejoint l'arrière-garde du bataillon de la Gironde, et le colonel apprend que le général n'est parti de cette localité, avec la 1re lég on, qu'à trois heures du matin. Le colonel se p rte en ava t du bataillon de la Gironde, où il trouve le chef d'état-major du général Cremer, qui lui fait connaître l'objet du mouvement en voie d'exécution.

La légion, précédée du ba aillon de la Gironde et des éclaireurs du Rhône, avec leu deux pièces de montagne, et suivie du bataillon de Saône-et-Lo re, traverse Paquier avant le jour et marche sur sa nte-Sabine.

Arrivés près de cette localité, vers sept heures et demie du matin, le ba aillon de la Gironde et les éclaireurs du Rhône, moins leur artillerie, quittent la route et appuient à droite pour rallier la 2e légion à la 1re légion, établie à Châteauneuf, et dont on entend le canon.

La 2e légion continue sa marche, éclairée à gauche par les tirailleurs des Cévennes et les francs-tireurs de la Mort (d'Alger), et en avant par la 6e compagnie du 2e bataillon (capitaine Benedett).

Le maire et des habitants de Sainte-Sabine se présentent et apprennent à la colonne que les Prussiens ont passé la nuit dans cette localité, qu'ils en sont partis depuis trois quarts d'heure et ont rejoint le gros de leurs forces à Vandenesse. La légion accélère sa marche, traverse Sainte-Sabine et s'établit en dehors : le 2e bataillon en bataille, la droite appuyée à un moulin à vent, qui est à gauche de la route ; le 3e bataillon à droite, dans une espèce de tranchée, qui le met à l'abri du feu de l'ennemi : enfin, le 1er bataillon, en réserve. masqué par un pli de terrain.

4

Les Prussiens. surpris d'entendre le canon de la 1re légion, et ne croyant avoir devant eux que les troupes placées à Châteauneuf. cherchent à envelopper ces troupes en occupant Sainte-Sabine et en se portant sur la route de Châteauneuf à Bligny. Mais, comme le déclare le citoyen Pinet, membre du conseil municipal de Lyon, qui se trouvait à Châteauneuf, dans les rangs de la 1re légion · « La 2e légion entière, les mobiles de Bordeaux et quelques francs-tireurs arrivèrent assez tôt pour nous dégager. »

Surpris de nouveau de voir devant eux des troupes qui ne fuient pas à leur seul aspect, les Prussiens envoient quelques boulets sur la 2e légion. qui n'atteignent personne, renoncent à leur mouvement tournant pour enlever Châteauneuf, et se replient sur Vandenesse, où ils se retranchent derrière des murs.

Les deux petits canons des éclaireurs du Rhône, établis sur la route de Sainte-Sabine à Vandenesse, à hauteur des 2e et 3e bataillons de la 2e légion, et protégés par trois compagnies déployées en tirailleurs et parfaitement embusquées, tirent sur les masses prussiennes. et leur prouvent qu'ils ont affaire à des citoyens soldats et non pas à des mercenaires ou à des bonapartistes.

La 2e légion se porte en avant : elle se fait éclairer sur ses flancs et sur le front. et marche sur Vandenesse avec circonspection et résolution.

A deux kilomètres de Vandenesse, la 4e compagnie du 2e bataillon (capitaine Mouton), est envoyée pour renforcer la droite de la ligne de tirailleurs, qui est obligée de s'étendre à gauche pour fouiller un bois.

De son côté. le 3e bataillon reçoit l'ordre d'avancer. Il se porte jusqu'au-delà de Vandenesse . à d'Ebordes, où il s'empare d'une ambulance prussienne et fait 73 prisonniers. La 2e compagnie du 3e bataillon (capitaine Ulpat), à qui est dû en partie ce succès, reste à d'Ebordes pour gar-

der les prisonniers et faire soigner les blessés prussiens;
il s'acquitte de ce double soin avec une intelligence et un dé-
voûment au-dessus de tout éloge.

Les 1re, 3e, 4e et 6e compagnies de ce bataillon, conduites
par l'audacieux commandant Nicorelli, et les tirailleurs des
Cévennes, poursuivent l'ennemi avec une heureuse témérité
jusqu'à Commarin.

Entré à Vandenesse, le 1er bataillon est envoyé, sur la demande du général Cremer, pour renforcer la 1re légion ; le
2e bataillon reste à Vandenesse.

Là, le colonel est informé, par le sous-lieutenant Rollet,
que la 2e compagnie du 3e bataillon est à d'Ebordes. Il s'y
rend sur-le-champ, fait délivrer par les habitants des vivres et du vin aux légionnaires, et envoie les trois premières
compagnies du 2e bataillon de la légion et trois compagnies
du bataillon de Saône-et-Loire, pour occuper le village de
d'Ebordes, et lui-même s'y réserve un logement pour la
nuit. Il se rend ensuite à Châteauneuf, où il arrive à une
heure de l'après-midi. Il y trouve le 1er bataillon et la 5e compagnie du 3e bataillon de la légion.

Après avoir rendu compte au général Cremer des résultats de la journée, le colonel accompagne jusqu'à d'Ebordes
le général Cremer, qui veut constater lui-même ces résultats, qui paraissent le surprendre.

A quatre heures du soir, les quatre compagnies du 3e bataillon, qui avaient poursuivi l'ennemi jusqu'à Commarin,
sont de retour à d'Ebordes. Le colonel cède au commandant
Nicorelli le logement qu'il s'était réservé. Les prisonniers
prussiens valides, au nombre de 46, quittent d'Ebordes,
sous l'escorte des tirailleurs des Cévennes et des francs-tireurs de la Mort, et sont conduits à Châteauneuf.

De retour à Vandenesse, le colonel s'occupe à faire délivrer des vivres à la 2e légion et au bataillon de Saône-et-
Loire. Mais, apprenant que le convoi de vivres n'était pas

arrivé, il écrit au général qu'il doit renoncer à faire des mouvements semblables à celui qu'il vient d'exécuter, s'il ne prend pas les mesures pour assurer la subsistance des troupes.

Le général répond que les vivres sont arrivés à Sainte-Sabine, que des corvées peuvent aller les chercher, et invite le colonel Ferrer à lui envoyer par écrit le rapport sur les opérations de la journée. Le colonel adresse à l'instant même le rapport demandé, qui peut se résumer ainsi :

« Toutes les compagnies engagées ont fait leur devoir ; mais le capitaine Ulpat, énergiquement secondé par ses deux officiers (les citoyens Rouve et Rollet), s'est distingué d'une manière toute particulière par son élan, son entrain, et a contribué puissamment aux résultats de cette journée. »

La subsistance des troupes n'étant pas assurée, par l'imprévoyance du général commandant les légions du Rhône, le colonel de la 2ᵉ légion s'adresse au maire et aux habitants de Vandenesse et des villages environnants pour obtenir des vivres. Il fait livrer une voiture chargée de pain au commandant Landermont, du bataillon de Saône-et-Loire, qui a trois compagnies campées dans la neige, au village de d'Ebordes. Les hommes de la 2ᵉ légion, logés à Vandenesse, sont nourris par les habitants ou à leurs propres frais ; quelques-uns sont emmenés par les habitants de Sainte-Sabine.

Dans cette journée, les troupes, placées sous le commandement direct du colonel de la 2ᵉ légion du Rhône, malgré leur ardeur et leur imprudente poursuite jusque près de Sombernon, n'ont eu qu'un seul homme de blessé, le citoyen Bazin (Daniel), des tirailleurs des Cévennes, qui a eu un doigt de la main droite emporté par une balle.

Le lendemain, 4 décembre, la légion quitte, à sept heures du matin, d'Ebordes, Châteauneuf et Vandenesse, passe à Sainte-Sabine, où elle reçoit des vivres, et va coucher à Bligny, où elle arrive à midi.

Dans la soirée, le général **Cremer** fait appeler le colonel de la 2ᵉ légion et lui lit le rapport sur le combat de Châteauneuf, dans lequel le colonel Ferrer est cité en première ligne. Ce colonel rentre à son logement et reçoit des chefs de bataillon et de quelques officiers de la 2ᵉ légion, une copie de la dépêche suivante, qui a été affichée, le jour même, à Bligny-sur-Ouche :

« Général Cremer a battu, près Châteauneuf, une colonne prussienne de 7,000 hommes, commandée par le général Keller. 400 Prussiens blessés ou tués, plus de 100 prisonniers, dont 4 officiers, un convoi de vivres et d'armes pris. La légion Celler a eu les honneurs de la journée. Artillerie a bien débuté. Ennemi poursuivi jusque près de Sombernon. Nos pertes sont insignifiantes. Que les citoyens armés s'entendent entre eux pour surprendre l'ennemi, leur faire des prisonniers, s'emparer des chevaux de selle, des convois de vivres et munitions.

« *Le préfet*, Luce VILLIARD. »

Le 5 décembre, à cinq heures du matin, le colonel de la 2ᵉ légion, voulant en toute circonstance remplir son devoir et satisfaire la juste demande qui lui est présentée par les officiers placés sous son commandement, dicte à son officier d'ordonnance, le lieutenant Séror, la lettre dont la teneur suit, qu'il adresse au préfet de la Côte-d'Or, à l'auteur de la dépêche télégraphique ci-dessus :

« Bligny, le 5 décembre 1870.

« Citoyen Préfet,

« Ennemi du mensonge et de la charlatanerie, je viens protester contre votre dépêche du 3 décembre, relative au combat de Châteauneuf et de Vandenesse.

« Et d'abord, citoyen préfet, n'y a-t-il pas un peu trop d'exagération dans le chiffre des forces de l'ennemi ? Ensuite, que signifie cette expression : « *légion Celler ?* » Vivons-nous encore à une époque féodale ?

« Ceci posé, j'entre dans le fond de votre dépêche et je vous dis qu'elle est en tout point erronée. Ce n'est pas la *légion Celler* qui a eu les honneurs de la journée, ce sont les légions du Rhône, le bataillon de la Gironde, le bataillon de Saône-et-Loire, les chasseurs volontaires ou éclaireurs du Rhône, les francs-tireurs de la Mort (d'Alger), les tirailleurs des Cévennes, en un mot, ce sont tous les corps qui ont contribué à chasser les Prussiens de Vandenesse.

« Il est vrai, pourtant, que l'ennemi a été poursuivi jusque près de Sombernon. Mais savez-vous par qui ? C'est par le 3e bataillon de la 2e légion du Rhône, et non par la légion Celler.

« Enfin, si quelqu'un, dans cette affaire, a fait preuve d'une heureuse témérité et d'un courage chevaleresque, et doit être cité d'une manière toute particulière à la sympathie de ses concitoyens, c'est le capitaine Ulpat, de la 2e compagnie du 3e bataillon de la 2e légion du Rhône.

« En résumé, citoyen préfet, je crois devoir vous engager à vous occuper, à l'avenir, de l'administration de votre département, et à laisser aux généraux et aux chefs de corps le soin de rendre compte des opérations militaires et d'apprécier le mérite des troupes qu'ils commandent.

« Salut et fraternité.

« Le colonel de la 2e légion du Rhône,

« FERRER. »

Cette lettre est mise à la poste de Bligny-sur-Ouche par le lieutenant Séror, officier d'ordonnance du colonel de la 2e légion.

Pendant ce temps, la légion se réunit et part de Bligny à six heures et demie du matin. Elle fait la grand'halte à Ladoué et rentre à Nuits à cinq heures du soir. Les légionnaires reprennent leurs anciens logements et reçoivent des habitants de Nuits un accueil aussi sympathique qu'hospitalier. On n'a pas besoin de s'occuper de la subsistance de la légion : la générosité et le patriotisme des habitants de Nuits se chargent de ce soin. Les grand'gardes sont établies, bien

que la ville soit suffisamment gardée au loin par les francs-
tireurs des Vosges.

Le 6 décembre, le colonel fait paraître l'ordre du jour
suivant :

« ORDRE DE LA LÉGION.

« La légion a eu sa deuxième affaire le 3 de ce mois, à
Châteauneuf et à Vandenesse. Elle a donné une nouvelle preuve
de patriotisme et d'intrépidité en se portant à la poursuite
de l'ennemi et en occupant, avec cette résolution qui caracté-
rise le courage des Lyonnais, les positions qui lui étaient as-
signées.

« Le colonel est heureux de commander à de pareils hommes.
Il remercie tout particulièrement les officiers et les citoyens
mobilisés de la constance avec laquelle ils supportent les
fatigues, le froid et la faim.

« Quand une nation est animée de ce courage, elle mérite
d'être libre et de régler elle-même ses destinées.

« Redoublons donc tous de résignation, d'ardeur et de patriotisme, et bientôt le sol de la patrie sera débarrassé de la présence des satellites du despotisme. Affranchis alors du joug des
étrangers, nous reprendrons nos occupations habituelles et les
douceurs de la vie privée.

« Nuits, le 6 décembre 1870.

« *Le Colonel*, FERRER. »

Ce même jour, au rapport, il est dit :

« A l'occasion du combat de Châteauneuf, le général accorde
une ration de vin aux hommes qui font partie des corps suivants :

« 2ᵉ légion de marche du Rhône ;
« Bataillon de la Gironde ;
« Bataillon de Saône-et-Loire.

« Cette ration de vin sera distribuée aujourd'hui aux troupes qui se trouvent à Nuits. Il sera fait également une distri-

bution de pain, de viande et de vivres de campagne. Le prêt sera payé à midi au logement du capitaine-trésorier.

« Chaque compagnie fera un appel très-exact, afin de connaître le nombre d'hommes présents sous les armes et la position de ceux qui sont absents.

« On profitera de notre séjour à Nuits pour nettoyer les armes, réparer l'équipement et remettre la chaussure en bon état.

« L'ennemi s'étant renforcé à Dijon, il est prudent de s'attendre à une attaque. Les hommes doivent, en conséquence, ne pas s'éloigner de leur casernement et être toujours prêts à prendre les armes. Du reste, une prise d'armes aura lieu à midi. On complètera les cartouches dans chaque compagnie.

« Les capitaines feraient bien de faire ajouter aux gibernes un bouton de plus, afin d'empêcher la perte des cartouches.

« Aussitôt après le rapport, la corvée de vivres partira pour la gare avec les fourriers et le capitaine de distribution. »

V

RAPPEL A LYON DU COLONEL FERRER

Dans l'après-midi du 6 décembre, au moment où le médecin-major Fontan informe le colonel que près de cent légionnaires ont des blessures aux pieds tellement fortes qu'il leur est entièrement impossible de marcher; au moment où le lieutenant Héritier, des francs-tireurs de la Mort, rend compte que les vivres ne sont pas encore arrivés et qu'il a plusieurs de ses hommes dépourvus de souliers; à ce moment, dis-je, le général Cremer prend la résolution de se rendre à Autun, le lendemain, avec toutes les troupes qu'il a sous son commandement.

Le colonel fait observer que la légion a besoin de vivres, de chaussures et de quelques jours de repos, avant de faire de nouvelles marches; qu'elle peut combattre à Nuits et s'y défendre, mais qu'elle ne peut pas marcher en ce moment.

« — Mais, s'écrie le général Cremer, c'est le général Bres-
« solles qui prescrit ce mouvement sur Autun. D'ailleurs,
« restez ici; je vais à Beaune, d'où je vous enverrai de nou-
« veaux ordres. »

En attendant, le colonel envoie un télégramme à l'intendant, à Chagny, pour le presser d'envoyer des vivres, et un autre télégramme au général Bressolles, à Lyon, pour l'informer qu'après dix jours de marches et contre-marches, de fatigues et de privations, après avoir perdu deux hommes gelés, un noyé et deux tués par l'ennemi, la 2e légion a près de cent hommes dans l'impossibilité de marcher, et a besoin de quelques jours de repos et de chaussures avant d'exécuter le mouvement qu'il lui prescrit sur Autun.

A six heures et demie du soir, le colonel reçoit les deux télégrammes suivants :

1º *Intendant de Chagny au colonel Ferrer, à Nuits.*

« J'envoie immédiatement les vivres de campagne demandés.
« Si vous touchez 1 fr. par jour, ces vivres sont remboursables.

« EUDES. »

2º *Général Cremer au colonel Ferrer, à Nuits.*

» Partez demain avec la légion sur Ladoué. Télégraphiez l'heure où vous comptez arriver. Le bataillon de la Gironde viendra à Beaune. J'envoie un train de chemin de fer; les bagages pourront marcher avec une escorte sur la route.

« Général CREMER. »

Les dispositions nécessaires pour assurer l'exécution de cet ordre étaient prescrites depuis trois heures, lorsque le colonel reçut deux nouveaux télégrammes.

Le premier, parti de Lyon, à huit heures trente-cinq minutes, était ainsi conçu :

« *Général de division au colonel Ferrer, à Nuits.*

« Votre télégramme a lieu de me surprendre de la part d'un officier comme vous. Ce n'est pas moi qui commande vos opérations, mais bien le général Cremer. Vous devez lui obéir. si, malgré vos observations, il persiste dans son ordre.

« BRESSOLLES. »

Le second télégramme venait de Beaune et portait :

« *Général Cremer au colonel Ferrer, à Nuits.*

« Je vous envoie wagons, de manière que trois trains puissent emmener votre légion. Votre dernière colonne devra partir à midi. Je suis étonné que des demandes de vivres aient été faites à l'intendance sans mon intermédiaire.

« Général CREMER. »

Il n'y avait plus d'illusion ! ces deux ambitieux avaient juré la désorganisation de la 2ᵉ légion du Rhône : leur ignorance a suffi pour obtenir ce résultat.

Comprend-on qu'un général soit étonné de ce qu'un chef de corps s'occupe de pourvoir à la subsistance des troupes qu'il commande ? Eh ! monsieur le général improvisé , vous ignorez donc ce que prescrit l'art. 146 de l'ordonnance du 3 mai 1832, sur le service des armées en campagne ?

« Les généraux . les officiers supérieurs , les intendants et les sous-intendants militaires , porte cet article, doivent s'occuper avec la plus grande sollicitude d'assurer la subsistance du soldat. »

Etes-vous toujours étonné , monsieur le général improvisé, que j'aie, comme colonel de la 2ᵉ légion du Rhône, demandé des vivres à l'intendance pour assurer la subsistance de cette légion ?

En ce qui concerne la dépêche du général Bressolles, qui a acquis depuis, comme commandant du 24ᵉ corps d'armée, une si grande célébrité dans nos désastres de l'Est, le colonel répondit que le télégramme adressé par lui au général Bressolles était la conséquence toute naturelle de la déclaration que lui avait faite le général Cremer, à savoir : que le mouvement sur Autun provenait de l'intelligente et infaillible initiative de l'illustre généralissime, et que, quant à la dernière partie de la dépêche de ce grand personnage, elle était complètement inutile : un colonel qui , comme capitaine , a été surnommé le règlement personnifié, ne peut pas ignorer qu'il doit obéir au général sous les ordres duquel il est placé.

Et c'est parce que ce colonel n'ignorait pas cela, qu'il comprit qu'il ne pouvait pas conserver son commandement sans devenir le complice des futurs *désorganisateurs* de la 2ᵉ légion.

Aussi le lendemain, 7, ayant à choisir entre un acte d'insubordination et sa démission, le colonel Ferrer, profitant du mouvement rétrograde ordonné à la 2ᵉ légion, envoie sa démission au préfet du Rhône, pour être transmise au ministre de la guerre, et demande à se retirer à Lyon.

En attendant l'acceptation de sa démission par le ministre de la guerre, et l'arrivée de son successeur, le colonel fait embarquer successivement ses trois bataillons, qui se rendent en chemin de fer, de Nuits à Ladoué. Les chevaux et les bagages, ainsi que quelques officiers montés, s'y rendent par la route : l'ordre, l'intelligent ordre du général Cremer est exécuté. Le colonel monte à cheval, part de Nuits à midi, y laissant plus de soixante malades, et arrive à Ladoué vers une heure et demie.

Là, le colonel écrit au général Crémer ce qui suit :

« Ladoué, 7 décembre 1870.

« Mon Général,

« J'ai l'honneur de vous informer que la 2ᵉ légion se trouve en totalité à Ladoué, et que le maire de cette localité n'a aucun logement à nous donner ; le bataillon de Saône-et-Loire et celui de la Gironde occupent toutes les maisons. Tous les hommes de la 2ᵉ légion sont sur la route derrière leurs faisceaux, et j'attends vos ordres.

« Le colonel de la 2ᵉ légion du Rhône, FERRER. »

Cette lettre est portée au général Cremer, à Beaune, par le lieutenant Séror, officier d'ordonnance.

Après le départ de cet officier, il est fait un appel des hommes présents, qui donne les résultats suivants :

Officiers. 75
Sous-officiers et soldats. 2,831

Les légionnaires passent la journée sur la route, dans la neige, au milieu du village de Ladoué, sans abri et sans vivres !

Enfin, l'officier d'ordonnance est de retour à Ladoué. Il apporte au colonel les ordres ci-après :

« Les bataillons de la Gironde et de Saône-et-Loire ont l'ordre de quitter Ladoué ; la Gironde se porte à Beaune ; la Saône-et-Loire, à Meursault.

« Les villages de Serrigny et Ladoué sont tout à votre disposition ; je vous préviens que le maire n'est pas très-bien disposé ; agissez en conséquence.

« Je vous ai envoyé la position de Garibaldi par votre officier d'ordonnance. Si vous jugez à propos de vous relier à lui en vous étendant sur votre gauche, je vous en laisse libre. Peut-être trouverez-vous ainsi plus de facilité de logement.

« Les éclaireurs forestiers du Rhône sont sur votre droite.

« J'ai reçu vos propositions et les transmets.

« J'ai renseignements de l'ennemi nous permettant d'espérer faire un coup sous peu. Dans ce cas, je vous donnerai une batterie d'artillerie qui vient de m'arriver.

« J'aurai, ce soir, 84,000 cartouches remington, en gare à Beaune, à votre destination ; elles me sont annoncées.

« Tout à vous,

« CREMER. »

En exécution de ces ordres, les bataillons de la Gironde et de Saône-et-Loire se rassemblent et quittent Ladoué. Les 1er et 2e bataillons de la légion les remplacent dans les logements qu'ils laissent. Le 3e bataillon détache ses trois premières compagnies à Pernand et ses trois dernières compagnies à Chorey.

Mais il est déjà nuit, et tout le monde n'est pas logé ! Le général Cremer télégraphie à l'intendance de Chagny :

« La 2e légion n'a pas de pain. Envoyez de suite le pain et les vivres de campagne demandés hier. »

Ces vivres n'arrivent pas. Le maire de Ladoué voit l'embarras des hommes de la légion, qui sont encore dans la rue. Il se multiplie : il procure aux uns un logement, aux autres la nourriture; les légionnaires mangeront ce soir-là, grâce à l'hospitalité des habitants de Ladoué!!

A huit heures et demie du soir, le colonel reçoit la dépêche suivante :

« Le préfet du Rhône vous rappelle que les réglements vous interdisent toute communication directe avec les journaux. Il attend de vous un rapport sur les opérations accomplies. »

Qu'est-ce que cela signifie?

Telle est la question que s'adresse le colonel en se couchant.

A minuit, nouvelle dépêche :

« *Préfet du Rhône à Ferrer, colonel de la 2e légion, à Beaune.*

« Je vous prie de venir à Lyon, sans délai, pour affaire concernant votre légion. »

Arrivé à Lyon, le 8 décembre, le colonel Ferrer est reçu par le préfet du Rhône :

« — Il se passe des choses graves dans votre légion ; il n'y a pas de discipline ; vous commandez en père de famille et non en colonel...

« — Mais est-ce que la 2e légion ne se conduit pas bien le jour du combat ? Est-ce qu'elle recule devant l'ennemi ?

« — Votre lettre au préfet de la Côte-d'Or est inexplicable... Qu'est-ce que cela vous fait qu'on appelle la 1re légion, *légion Celler?* Qu'est-ce que cela vous fait qu'on accorde les honneurs de la journée à la 1re légion ?...

« — Oh ! s'il en est ainsi, je préfère conserver mes droits de citoyen et donner ma démission de colonel.

« — Je l'accepte ! Voyez le général Bressolles et envoyez-la moi.

« — C'est inutile : je vous l'ai déjà envoyée. C'est tout ce que vous vouliez me dire, monsieur le Préfet, ?

« — Oui, monsieur Ferrer.

« — J'ai l'honneur de vous saluer, monsieur le Préfet. »

Le colonel Ferrer se lève et se retire, persuadé que le préfet lui avait déjà désigné un successeur.

Rentré à l'hôtel de Bordeaux, où il était descendu, et ne reconnaissant pas à un préfet le droit d'accepter la démission d'un colonel, le citoyen Ferrer fait part de cette conversation à son officier d'ordonnance, le lieutenant Séror, qui part le lendemain, 9, et lui écrit, le 11, la lettre ci-après :

« Je suis arrivé aujourd'hui seulement, dimanche, à une heure, à Bordeaux.

« Au débotté, je suis allé voir M. Crémieux. Il m'a immédiatement reçu. Je lui ai donné sa lettre et exposé nos griefs (les vôtres étant les miens). J'ai dû lui lire votre lettre à M. Luce-Villiard. Il l'a trouvée un peu raide : cela l'a mécontenté. « C'est fâcheux, m'a-t-il dit, au moment précisément où je m'occupais de vous et du colonel Ferrer. Cette histoire avec Challemel, que nous aimons beaucoup, tombe mal. Enfin !... »

« Je lui dis alors que j'avais une lettre pour M. Gambetta. — « Gambetta n'est point ici, il est à l'armée de la Loire ; mais, en son absence, Gambetta, c'est moi. Donnez-moi donc votre lettre. » Je la lui donnai. Il l'a lue. Et après avoir un peu réfléchi, il a dicté à son secrétaire la dépêche suivante, que je me rappelle presque mot pour mot.

« *Justice à Préfet du Rhône, à Lyon.*

« Donnez-moi quelques détails, télégraphiquement, sur ce qui s'est passé entre le colonel Ferrer et vous. Je m'intéresse vivement au colonel Ferrer, et espère concilier ce malentendu. Amitiés.

« CRÉMIEUX. »

« Vous voyez, a-t-il ajouté, que nous aimons beaucoup votre colonel et Challemel-Lacour... C'est fâcheux. Enfin, revenez me voir, mon cher Séror, demain. Je vous donnerai une réponse et vous renverrai content. »

« Je crois notre cause gagnée. Ah ! j'oubliais : « Mais il

« n'est pas démissionnaire, m'a dit le ministre, Challemel
« n'a pas le droit d'accepter la démission de votre colonel. »

Le lendemain, 12, le lieutenant-Séror envoie au colonel
Ferrer, le télégramme ci-après :

« Partez pour Bordeaux sans aucun retard. Je suis à l'hôtel
Lambert. La réponse attendue de Lyon, plus que défavorable.
Le préfet prétend avoir pu vous traduire en cour martiale
pour discorde et indiscipline semées par vous dans votre légion et autres choses à l'avenant. Venez défier vos ennemis
de citer aucun fait. Ici, on attend l'arrivée de Gambetta pour
décider. N'oubliez pas que vous êtes toujours colonel. Je vous
attendrai jusqu'au 15, à midi. Venez détromper des esprits
prévenus et confondre vos ennemis. »

Le colonel Ferrer ne se dérangea pas. Il croit qu'il y a des
accusations auxquelles on ne doit pas répondre. Mais, pendant
que M. Challemel-Lacour se flattait de faire traduire le colonel Ferrer devant une cour martiale, le commandant du
2ᵉ bataillon de la 2ᵉ légion du Rhône, écrivait au citoyen
Ferrer :

« Mon colonel, hier soir, à cinq heures et demie, j'ai reçu
votre lettre du 9 courant, par laquelle vous m'annoncez que
vous n'êtes plus colonel de la légion. Vous laissez de bien
grands regrets parmi nous tous ; car, en peu de temps, vous
aviez su vous attirer les sympathies, je dirai même mieux,
l'amitié de toute la légion. »

De son côté, le commandant Duproz, du 1ᵉʳ bataillon,
écrit au citoyen Ferrer :

« Les officiers de mon bataillon me chargent d'être leur
interprète auprès de vous. Ils me chargent surtout de vous
dire combien nous vous regrettons tous. C'est les larmes dans
les yeux qu'ils ont appris votre rappel, et nous maudissons
ceux qui ont amené la difficulté qui vous a séparé de nous. »

Le médecin-major Fontan a également envoyé un mot à
son ancien colonel :

« Je tiens à vous témoigner personnellement, lui écrit-il,
le regret que m'a causé la nouvelle de votre rappel. Là encore,
l'intérêt général de la legion a été sacrifié à l'intérêt privé
d'un amour-propre fro.ssé. Toute votre légion partage les
mêmes sentiments et va protester par la voix des journaux.
J'espère que l'opinion publique prévaudra sur l'omnipotence
d'un seul. »

Enfin, un capitaine déclare au colonel Ferrer, qu'il le
suivra aveuglément n'importe où ; un second capitaine,
lui rappelle qu'il s'est engagé sous ses ordres et qu'il ne
peut plus rester à la légion ; un troisième lui annonce que
tous les officiers de la légion sont indignés, ainsi qu'une
grande partie des gardes nationaux mobilisés.

Et c'est le chef, le citoyen, l'homme qui laisse de tels
regrets, que M. Challemel-Lacour menace de faire traduire
devant une cour martiale !

En cette circonstance, la presse de Lyon a témoigné au
colonel Ferrer, la plus flatteuse bienveillance. Le *Guignol
illustré* et la *Mascarade* particulièrement, ont été d'une
générosité et d'une courtoisie tellement grandes, que je
croirais manquer de respect envers la mémoire du vénéré
M. Eugène Labaume, l'ancien directeur de la *Mascarade*, et
de gratitude envers son nouveau directeur, le sympathique
M. Jules Coste, si j'omettais de reproduire l'article ci-après,
qui est sans contredit la page la plus éloquente de l'*Historique de la 2ᵉ légion du Rhône* :

« Il y avait à la tête de la 2ᵉ légion du Rhône, un officier
capable, instruit, plein de bravoure, aimé de ses officiers
comme de ses soldats, rempli de dévouement pour la cause
républicaine, à laquelle il était attaché avant la République.

« Cet officier avait débuté, dans la Côte-d'Or, par un des
combats les plus heureux que nous ayons encore livrés contre

les Prussiens; il avait eu son cheval tué sous lui et était
proposé pour le grade d'officier de la Légion d'honneur.

« Par une température de quinze degrés de froid, avec des
soldats dont l'équipement s'en allait en loques, et qui man-
quaient de pain, il avait obtenu, sans fusillade, simplement
par persuasion et par conviction, que pas un murmure ne
s'élevât trop haut, que pas une plainte ne s'accentuât trop
vivement, que pas un acte d'insubordination ou de résistance
ne fût commis.

« Eh bien, cet officier vient d'être révoqué par M. Challemel-Lacour, préfet du Rhône, ou plutôt sa démission a été
acceptée d'emblée, ce qui se ressemble énormément.

« C'est encore un de ces actes de sagesse, d'équité, de bon
sens et d'adresse qu'il faut mettre à l'actif de M. Challemel-
Lacour, préfet du Rhône, un de ces actes qui finiront par
conduire notre pauvre République dans une bonne petite
fosse de six pieds de profondeur, sur laquelle piétinera quelque nouveau sauveur des sociétés.

« Les journaux de Lyon ont reproduit l'historique de la
démission du colonel Ferrer, nous n'y reviendrons pas, malgré
notre désir d'admirer comme elles le méritent, la haute saga-
cité et les intelligentes appréciations de M. Challemel-Lacour,
qui reproche à un colonel de conduire son régiment *en père
de famille.*

« Cela manquait de fusillade, paraît-il.

« Seulement nous nous permettrons de dire à M. Challemel-Lacour, *rigoureux* républicain et commissaire extraordinaire du département :

« Citoyen préfet, prenez garde, en destituant à tort et à
travers, soit des fonctionnaires, soit des officiers pleins de
patriotisme et de dévouement à la cause républicaine, vous
jetez le découragement et semez l'indifférence parmi les républicains sincères, sérieux, intelligents et disposés à soutenir
de toutes leurs forces, un régime qu'ils croient être celui de la
liberté et de la justice, et que vous leur montrez sous un jour
tout différent.

« En faisant acte d'autoritarisme et de dictature vis-à-vis

de citoyens non-seulement inoffensifs, mais dévoués sincérement à la République et à la défense nationale, alors que vous témoignez d'une indulgence excessive à l'endroit de quelques Cluserets, — vous ferez croire à la population que vous avez trop d'énergie contre les honnêtes gens et pas assez contre les coquins.

« En enlevant à l'armée, sous prétexte de vétilles ou de susceptibilités administratives, des officiers aguerris, capables et instruits, en qui elle a confiance, vous arriverez à des défaites comme celle de Nuits, où on laisse sottement écraser dix mille Français par vingt mille Prussiens, quand Villefranche, Lyon, Besançon, Autun sont garnis de troupes qu'il eut été facile de concentrer en quelques heures, si les officiers de votre choix s'occupaient un peu plus de leur armée et un peu moins de jouer au billard au Café Morlot.

« Voilà à quoi vous arriverez, citoyen préfet, et ne vous étonnez pas, après cela, que les exaltés de Valentino et de la Rotonde, menacent de vous fusiller, tandis que les exaltés de la réaction demandent chaque soir, dans leurs prières, un sénateur de l'empire à votre place, — et que les républicains sincères se posent, devant votre système d'administration, un gigantesque point d'interrogation. »

VI

COMBAT DE NUITS DU 18 DÉCEMBRE 1870

En partant de Ladoué le 8 décembre, à huit heures du matin, le colonel Ferrer avait laissé le commandement de la légion au chef du 2e bataillon.

La légion reste cantonnée les 8 et 9 décembre à Ladoué, Pernand et Chorey. Le 10, elle quitte ces localités à midi et rentre à Beaune. La compagnie du génie est envoyée à Nu ts.

Dans la soirée du 10, les officiers de la légion se réunissent dans un café pour demander au préfet du Rhône, par voie de pétition, que leur ancien colonel, qui avait été rappelé à Lyon, leur fût rendu.

Informé de cette réunion, le chef du 2e bataillon s'y présente. Il déclare qu'il s'oppose à cette démarche et menace de faire traduire devant un conseil de guerre les trois plus anciens officiers : « Il enjoint même, déclare le chef du 3e ba-
« taillon, que le général Cremer *prononcerait* contre celui
« qui prendrait l'initiative d'une pareille démarche *la peine*
« *de mort* et que la cour martiale serait sans pitié pour
« donner un exemple à la légion. »

Les officiers, ignorant les dispositions de l'article 1er du décret du 15 nivôse an II, dont la teneur suit : « Tous mili-
« taires, tous conseils d'administration de bataillon ont le
« droit d'adresser des pétitions et des réclamations, soit in-
« dividuelles, soit pour affaires de corps, à la Convention
« nationale, aux représentants du peuple auprès des armées,
« au conseil exécutif provisoire et partout ailleurs », les offi-

ciers, dis-je, ignorant ces dispositions, sont intimidés et renoncent à leur demande.

Mais ce n'est pas tout : à cette menace de la peine de mort, on ajoute la promesse de payer à chaque officier, avant la fin du mois, l'indemnité de première mise d'équipement de 550 fr., dont l'allocation était interdite aux officiers des légions mobilisées, par une circulaire du 8 novembre 1870.

En attendant la réalisation de cette promesse, le chef du 2ᵉ bataillon prescrit au trésorier de s'allouer une somme de 200 fr. pour première mise d'indemnité de bureau de la compagnie du génie et de la batterie d'artillerie, et se fait remettre par le trésorier une somme de 150 fr. à laquelle il n'avait aucun droit.

Le 12, la légion reçoit son nouveau colonel, M. Chabert, officier de cavalerie de la garde impériale en retraite, qui n'avait jamais fait campagne, ainsi qu'il l'a déclaré lui-même au colonel Ferrer, et qui était complétement étranger au service de l'infanterie. Ce choix seul prouve le tact, la perspicacité et le patriotisme intelligent du préfet Challemel-Lacour. Le général de Vandencourt prétend que ceux qui acceptent des fonctions au-dessus de leur capacité doivent être couverts d'infamie. Il est malheureux que la sagesse de cette opinion ne soit pas encore reconnue.

La légion, commandée par son nouveau chef, part de Beaune le 12, à quatre heures du soir, pour se rendre à Nuits. Arrivée à quatre kilomètres de Nuits, elle reçoit l'ordre de rentrer à Beaune.

Ce même jour, le général Cremer veut mobiliser les francs-tireurs des Vosges, commandés par le colonel Bourras, qui servaient d'éclaireurs aux troupes cantonnées à Nuits et leur rendaient d'utiles services. Le colonel Bourras s'oppose à cette mobilisation, se retire avec ses francs-tireurs et rentre à Lyon. Les chasseurs du Rhône sont moins heureux : ils subissent à Nuits l'humiliation du désarmement, qui est effectué par le 32ᵉ de marche, et rentrent à Beaune avec des échalas pour fusils.

Le 13, la légion quitte de nouveau Beaune à sept heures du soir. Elle prend pour cantonnements Ladoué, Savigny et Pernand.

Le 14, elle est dirigée sur Nuits. Arrivée à Prémeaux, à cinq heures et demie du soir, elle attend deux heures sur la route sans savoir où elle doit passer la nuit. Enfin l'ordre lui est donné de s'établir à Prémeaux, Comblanchien et Quincey, qu'elle occupe les 15, 16 et 17 décembre.

C'est pendant ce séjour qu'un capitaine, qui, par son âge, sa position de chef de gare, d'homme marié et de père, était exempt de la mobilisation, donne sa démission en ces termes et l'adresse au colonel :

« Ne voulant pas, lui écrit-il, être témoin des fatigues et des privations qui sont imposées à la 2ᵉ légion depuis quelques jours; ne voulant pas, en outre, supporter de quelque manière que ce soit la responsabilité qui incombe à la direction, le soussigné se voit dans la nécessité de se retirer de la légion.

« Depuis le 12 décembre, en effet, la légion a eu à faire journellement des marches et contre-marches, non-seulement inutiles, mais dangereuses pour le soldat, — et cela toujours pendant la nuit.

« Les distributions se font presque toujours irrégulièrement ou incomplètement; des plaintes incessantes me sont adressées par les légionnaires.

« Dans ces moments difficiles, mon colonel, j'appartiens tout entier à mon pays, mais ma dignité d'homme m'oblige à dire que, depuis quelques jours, les ordres donnés à la légion sont mal conçus, inexécutables pour la plupart, et que la direction est excessivement blâmable.

« Par ces motifs, je vous prie, mon colonel, de vouloir bien transmettre ma démission. »

Ces plaintes si graves n'avaient rien d'exagéré et malheureusement étaient confirmées par les faits : l'effectif qui, au 8 décembre, était de 2,831 légionnaires, se trouvait, le 16 décembre, réduit à 2,701, et cela sans combat, c'est-à-dire par l'effet seul des fatigues !

C'est à la suite de ces fatigues qu'a eu lieu, le 18 décembre, ce second combat de Nuits, si bien qualifié de « grand car- « nage » et qui laissera pendant de longues années, dans la population lyonnaise, les souvenirs les plus douloureux.

« L'armée, déclare un témoin oculaire, surprise faute d'é- claireurs, se battait depuis quatre heures du matin : la 1re lé- gion depuis six heures; la 2e légion, cantonnée à trois kilo- mètres, n'a été envoyée en ligne qu'à trois heures de l'après- midi; les mobilisés de la Gironde n'ont pas donné. »

Un soldat de la 1re légion du Rhône ajoute :

« Nos chefs ne s'attendaient guère à cette attaque faite à trois endroits à la fois. Le 1er bataillon de la 1re légion, suivi de l'artillerie du 32e de marche, monte sur la montagne de Chaux, qui domine Nuits, et engage le combat avec les Prus- siens qui se dirigeaient sur la ville, en faisant ce contour. Il était alors dix heures du matin; il y avait quatre heures que l'on se battait. »

Enfin le capitaine Rogemond, de la 2e légion du Rhône, écrit de Chagny le 19 décembre :

« Hier, 18. Nuits a été surpris. La 2e légion est entrée en ligne à trois heures, venant de Prémeaux, Comblanchien et Quincey. La 1re légion débandée. Nous avons soutenu le feu jusqu'à la nuit. Nous avons supporté une pluie de balles pen- dant une heure et demie, et nous nous sommes repliés, en laissant 35 à 40 hommes morts ou blessés par compagnie. »

Ces témoignages suffisent pour démontrer que les troupes placées à Nuits ont été surprises. C'est là un fait évident, in- contestable, qui ne peut plus être nié.

La 2e légion, quoique étrangère à cette surprise, puis-

qu'elle était placée en seconde ligne, à plusieurs kilomètres
en arrière de Nuits, n'en supporte pas moins les terribles
conséquences : le 2ᵉ bataillon se porte de Prémeaux à Nuits,
où il arrive à une heure de l'après-midi. Il est envoyé sur
la route de Dijon, en avant de Nuits : il se replie sur la ville,
et les compagnies se dispersent et combattent séparément
sous le commandement de leurs officiers. Le colonel et le
chef du 2ᵉ bataillon rentrent dans l'intérieur de la ville, où
l'un est vu tenant une théorie dans la main et l'autre de-
mandant des nouvelles de son bataillon.

Le 1ᵉʳ bataillon, cantonné à Comblanchien, se met en
marche à midi et se dirige sur la montagne de Chaux, à
gauche de Nuits. Il se porte en avant sur Villars-Fontaine
et parvient, avec quelques compagnies du 32ᵉ de marche, à
arrêter une colonne prussienne, qui se replie alors sur Nuits.

C'est à ce moment (1 heure 45 minutes) que la dépêche
suivante fut envoyée à Lyon :

« Je suis attaqué par des forces considérables ; je pense pouvoir tenir ; j'appelle toutes mes forces. Si l'ennemi ne reçoit
pas de renfort, je résisterai probablement.

« Général CREMER. »

A son arrivée à Nuits, vers trois heures de l'après-midi,
le 3ᵉ bataillon de la 2ᵉ légion est formé en bataille sur la
place de la Halle : « Le général Cremer, observe le comman-
« dant Nicorelli, fumait tranquillement son cigare, pendant
« que le 32ᵉ de marche et les deux légions se faisaient échar-
« per tant en ville qu'au dehors. »

Après quelques minutes de repos, le chef du 3ᵉ bataillon
reçoit du général Cremer l'ordre d'envoyer deux compagnies
sur la route de Dijon pour relever la ligne de tirailleurs de
la 1ʳᵉ légion. Les 5ᵉ et 6ᵉ compagnies (capitaines Ferrer et
Gerboz) sont désignées et se portent sur l'emplacement indiqué. Elles ne trouvent pas les tirailleurs de la 1ʳᵉ légion,

mais bien une procession de blessés appartenant à cette légion, transportés à l'ambulance par trois ou quatre camarades chacun, et cela pendant le combat, alors que l'art. 135 du règlement sur le service des armées en campagne dit expressément :

« Pendant le combat, les officiers et sous-officiers doivent retenir dans les rangs, par tous les moyens en leur pouvoir, les militaires sous leurs ordres et forcer, au besoin, leur obéissance. Ils ne souffrent pas que des soldats quittent les rangs pour fouiller ou dépouiller les morts, *ni pour transporter les blessés*, à moins d'une permission expresse qui ne peut être donnée qu'après la décision de l'affaire. Le premier intérêt, comme le premier devoir, est d'assurer la victoire qui seule peut garantir aux blessés les soins nécessaires. »

Ayant conduit ses deux compagnies de gauche sur leur emplacement. le chef du 3e bataillon revient auprès du général Cremer ; qui n'avait plus un cigare à la main, mais « bien un plein verre de vin dans lequel il trempait un biscuit », et reçoit l'ordre d'envoyer trois compagnies sur la droite, du côté du chemin de fer.

Les 1re, 2e et 3e compagnies (capitaines Gourdan, Ulpat et Rogemond) se portent aussitôt en dehors de la ville ; la 1re compagnie se déploie en tirailleurs dans les vignes, les 2e et 3e entrent dans un enclos, derrière l'Hôtel-de-Ville, et se portent ensuite en avant dans les vignes. Enfin la 4e compagnie, commandée par le sous-lieutenant Pontdeveau, rejoint les 5e et 6e compagnies qui ont brûlé toutes leurs cartouches, et se maintient avec fermeté dans la position que lui assigne son chef de bataillon.

Vers quatre heures et demie, plusieurs compagnies n'ont plus de cartouches. L'ordre de battre en retraite est donné : les Prussiens entrent dans Nuits et les Français en sortent. « Il y eut alors, raconte un témoin oculaire, un chaos, une confusion, un pêle-mêle inextricables. » La légion se replie sur Beaune et le lendemain 19, elle arrive à Chagny : son effectif est réduit de 12 officiers et de 685 légionnaires.

Telle est l'affaire qui a donné lieu à la dépêche suivante, datée du 20 décembre :

« Les nouvelles les plus fausses et les plus alarmantes ont circulé hier et circulent encore aujourd'hui sur le combat livré à Nuits par le général Cremer. Le préfet de Saône-et-Loire a été sur le théâtre des événements pour se renseigner exactement. Il a acquis la conviction que le combat de Nuits a été une des affaires les plus brillantes de la campagne pour les armes françaises. Nos forces, attaquées par un ennemi trois fois plus nombreux et soutenu par une artillerie formidable. auraient pu se replier immédiatement : elles ont voulu combattre. Elles ont fait subir aux Prussiens des pertes deux fois plus considérables que celles qu'elles ont subies, et ce n'est qu'à la fin de la journée, après une résistance qui leur fait le plus grand honneur. qu'elles se sont concentrées. les unes à Beaune, les autres à Chagny.

« A l'heure actuelle, l'ennemi, durement éprouvé par une bataille qui lui a coûté ses meilleurs soldats, n'a pas encore osé renouveler l'attaque.

« *Le Préfet de Saône-et-Loire,*

« Frédéric MORIN. »

Il n'est pas permis d'en imposer plus audacieusement. Il est démontré :

1° Que les Prussiens n'avaient pas douze mille hommes au combat de Nuits ;

2° Que les Français étaient dix mille :

3° Que si la résistance a été opiniâtre, c'est grâce au courage individuel des gardes nationaux mobilisés des 1re et 2e légions du Rhône :

4° Enfin, que si l'armée française a été vaincue à Nuits le 18 décembre, c'est par suite de l'incurie, de l'imprévoyance, de l'incapacité de ses chefs supérieurs.

Appeler cela une affaire brillante, c'est faire l'apologie du crime, c'est, je le répète, en imposer audacieusement.

Quant aux pertes des Prussiens, comment le préfet de Saône-et-Loire pouvait-il savoir qu'elles étaient deux fois plus considérables que les nôtres, puisque celles-ci n'étaient pas connues et ne le sont pas encore? Les préfets ne pourront donc jamais dire la vérité, parler et écrire avec sincérité?

Écoutons, si nous voulons connaître la vérité, qui est si utile et que l'intérêt général réclame, écoutons ce que déclarent les témoins oculaires de ce brillant combat.

L'un nous dit :

« Les mobiles de la Gironde, couchés sur le flanc de la montagne, ne se sont levés que pour fuir. »

Est-ce là un grand honneur?

Un autre écrit :

« Nous entendions en ce moment-là (en fuyant) les tambours et la fanfare des Prussiens faire grand gala dans le cœur de la ville, tandis que pour nous en aller de la position que nous occupions sur la gauche, il nous fallut tirailler jusque près de la petite rivière qui coule au pied du côteau et que nous fûmes obligés de passer à pied. »

Un troisième ajoute :

« Les Prussiens entrent dans Nuits, ramassent sur la place de la Mairie les havre-sacs, les effets et les chassepots abandonnés et en font un grand feu de joie. »

Un quatrième télégraphie :

« Le poste télégraphique de Prémeaux, à trois kilomètres en deçà de Nuits, nous annonce que cette dernière ville est occupée par les Prussiens, après combat acharné. Les employés de Prémeaux se replient sur Beaune avec la colonne. A six heures quinze, la communication télégraphique est interrompue avec Prémeaux. »

Un officier, fait prisonnier dans la brillante affaire de Nuits, écrit le 21 décembre :

« J'ai été pris à cinq heures du soir. Ce qui me console dans mon malheur, c'est que je suis sûr d'avoir fait mon devoir. Nos hommes demandaient constamment leur ancien et brave colonel, qui allait toujours en avant, tandis que le nouveau reste toujours en arrière. »

Enfin, un capitaine, qui a perdu dans cette affaire son lieutenant, son sous-lieutenant, son sergent-major et quarante-neuf hommes, écrit à un de ses amis, à Lyon :

« Vous connaissez la malheureuse journée de dimanche 18, où la 2e légion a bien souffert, et cela faute de direction. J'ai vu, avant d'entrer en ligne, le général se promener dans les rues, fumant son cigare et ne s'occupant pas des mouvements de l'ennemi. Il nous a fait partir (le 3e bataillon), sur la demande d'un gendarme; il me donna des ordres sans se rendre compte de la position. Un moment après, des hommes m'ont assuré l'avoir vu sur la porte d'un café, tenant un verre de vin et regardant défiler nos hommes. Quant au colonel, je ne sais pas où il était pendant l'action; je ne l'ai vu que le soir, quand nous étions en pleine déroute. »

Franchement! est-ce cette déroute que le préfet de Saône-et-Loire appelle une des affaires les plus brillantes de la campagne pour les armées françaises ?

VII

ARMÉE DE L'EST

Pendant que chefs et soldats abandonnent Nuits et se replient, dans un pêle-mêle inextricable, sur Beaune, Chagny
et dans toutes les directions, le médecin-major de la 2ᵉ légion du Rhône, le docteur Fontan, achève son installation à
l'ambulance Belair, où il a fait conduire ses voitures d'ambulance.

Secondé par ses aides-majors Gigard, Julien et Clerc, le
docteur Fontan panse de nombreux blessés ; il pratique de
nombreuses opérations chirurgicales : les salles, les couloirs
et les cours regorgent de blessés.

Vers six heures du soir, il reçoit la visite de plusieurs officiers prussiens, qui signifient à tous les médecins qu'ils sont
prisonniers, et leur prescrivent de continuer leur « besogne».

Escortés de soldats prussiens, nos médecins se rendent
dans les différentes rues de la ville pour relever les blessés,
les panser et les installer dans les ambulances et les maisons
particulières.

A huit heures, les aides-majors de la 1ʳᵉ légion, dont le
chirurgien-major était parti de Nuits pour accompagner un
officier grièvement blessé, se joignent aux médecins de la
2ᵉ légion, et le docteur Fontan, dont l'activité et le dévouement n'ont pas de bornes, se trouve seul chef de service,
avec mission de soigner plus de 1,200 blessés, dont la plus
grande partie appartiennent à la 1ʳᵉ légion.

Durant trois jours, il pratique des amputations, pour pa-
rer aux besoins les plus pressants. Il met en réquisition
toutes les voitures de Nuits et des environs, qu'il envoie à la

recherche et à l'enlèvement des blessés laissés dans les villages de Boncourt, Agencourt, Chaux, la Berchère, etc. Il fait constater, au moyen des livrets ou papiers trouvés sur leurs corps, l'identité des nombreux cadavres qu'on a recueillis, et charge les habitants de Nuits d'inhumer ces innocentes victimes des fureurs de la guerre et de l'incapacité des chefs. Enfin, il fait mettre en tas, dans une cour, les sacs, fusils, cartouches et effets que les Prussiens n'avaient pu brûler dans les feux de joie qu'ils allumèrent, la première nuit, dans les différents quartiers et notamment sur la place de la Mairie, au pied de l'arbre de la liberté !

Lorsque, le troisième jour, l'ennemi eut complétement évacué la ville, le docteur Fontan décide de tenter le lendemain de rejoindre la 2ᵉ légion et d'évacuer en même temps sur Beaune tous les blessés transportables, qui ne faisaient qu'encombrer inutilement les ambulances.

A cet effet, il fait garnir de paille une trentaine de voitures de réquisition; il y fait étendre nos blessés, et, à l'aide de plus de 300 couvertures, recueillies sur les sacs ou dans le domicile de beaucoup d'habitants, il protège ces blessés contre le froid. Il fait ensuite partir pour Beaune, avec armes et bagages, un bon nombre de soldats, que les charitables habitants de Nuits avaient recueillis dans la triste journée du 18, cachés, soignés et nourris dans leurs maisons.

Enfin, le 21, à neuf heures du matin, après avoir fait charger sur les voitures les armes et effets abandonnés le 18, et fait prendre quelque nourriture à ses blessés, qui étaient environ au nombre de 150, le docteur Fontan quitte Nuits, passe à Prémeaux, à Comblanchien et arrive à Beaune vers trois heures de l'après-midi.

L'hôpital de Beaune étant encombré de blessés; un train spécial est formé pour transporter à Châlon les blessés emmenés de Nuits. Les aides-majors de la 1ʳᵉ légion sont chargés d'accompagner ces blessés jusqu'à Châlon, et le doc-

teur Fontan annonce leur arrivée par une dépêche télégraphique. Il envoie également une dépêche à Lyon, avec
prière de faire partir immédiatement pour Nuits une ambulance divisionnaire et une ambulance internationale. Il dé-
pose ensuite, à la Sous-Préfecture de Beaune, les fusils et
effets qu'il avait ramassés à Nuits, et rejoint, avec son ambulance, la 2ᵉ légion, à Chagny.

Le jour même de la rentrée du médecin-major, des distributions de pommes de terre, de lard et de pain sont faites à
la légion par les habitants de Chagny. La veille, une dépu-
tation d'officiers du 11ᵉ bataillon de la garde nationale de
Lyon (Croix-Rousse), était arrivée à Chagny, apportant des
effets pour être distribués aux plus nécessiteux de la légion.

Le 22, la 2ᵉ légion, composée de 63 officiers et 2,016 légionnaires, part, à quatre heures du soir, de Chagny, où
elle avait commencé à se réorganiser, et se rend à Beaune,
où elle arrive à huit heures, et continue sa réorganisation.

Elle cesse d'être placée sous le commandement du général
Cremer, qui est promu général de division, à la suite du
désastre de Nuits.

Désormais, et jusqu'à sa complète désorganisation, la
2ᵉ légion du Rhône fait partie de la 3ᵉ division du 24ᵉ corps
d'armée. Elle a pour général de brigade et général de division Carré de Busseroles, chef de bataillon, commandant le
dépôt de recrutement de Saône-et-Loire, à Mâcon.

A l'arrivée de la légion à Beaune, le commandant Duproz
est nommé « commandant d'état major général, » tout en
conservant le commandement du 1ᵉʳ bataillon de la 2ᵉ légion.

Du 23 au 27 décembre, la légion occupe Beaune.

Le 28, à trois heures du matin, ordre est donné de se
rassembler à la gare. A huit heures, la légion monte en
chemin de fer, sans connaître sa destination. Elle arrive à
Mâcon à deux heures et demie de l'après-midi. Elle monte

de nouveau en wagon, à cinq heures du soir, et attend le départ, qui a lieu à onze heures.

Le 29, la légion débarque à la gare de Besançon, à sept heures du soir ; elle y reçoit l'ordre de ne pas entrer en ville et d'aller camper à Saint-Ferjeux, où elle arrive à huit heures du soir.

Le 30, le 1er bataillon est cantonné à la Velotte ; les 2e et 3e bataillons et les francs-tireurs de la Mort, à Saint-Fergeux ; les tirailleurs des Cévennes, à Besançon.

Le 31, la légion occupe les mêmes cantonnements, et le commandant du 24e corps d'armée, le célèbre général Bressolles, reçoit, dans un château, à Saint-Claude, en pantoufles, une main dans la poche de son pantalon, et l'autre caressant sa noire et épaisse chevelure, reçoit la visite des officiers des 1re et 2e légions du Rhône, auxquels il adresse le discours suivant :

» A Châteauneuf, la 1re légion du Rhône a bien combattu, et la deuxième aussi. A Nuits, la 1re légion s'est bien battue ; mais je n'en dirai pas autant de la 2e légion. »

Et qui vous a dit cela, illustre généralissime? Les faits démentent complétement vos paroles : la 2e légion n'a été ni employée ni dirigée dans la dernière affaire de Nuits, avec l'intelligence et la fermeté que doivent avoir ceux qui aspirent à la grave responsabilité du commandement ; cela est vrai ! mais elle s'y est montrée comme dans la première affaire de Nuits, comme à Châteauneuf, intrépide, courageuse, héroïque ! Le brave et jeune sous-lieutenant Rollet y a été tué, les capitaines Mouton et Gourdan, les sous-lieutenants Fayolle, Chaine et Bévalet, y ont été blessés ; le médecin-major Fontan y a fait preuve de la plus grande intrépidité ; le commandant Nicorelli, les capitaines Ulpat, Rozemond, Ferrer et Gerboz, et le sous-lieutenant Pondeveau s'y sont montrés audacieux ; les pertes du 2e bataillon, qui est entré le premier en ligne, s'élèvent à plus de 300 hommes; celles du 3ᵉ bataillon, qui est le dernier qui ait évacué Nuits, s'élève à 278 hommes dont la plupart ont été tués, blessés ou pris par l'ennemi !

Vous prétendez, vaillant Bressolles, que vous ne direz pas que la 2ᵉ légion du Rhône s'est bien battue, à Nuits, le 18 décembre ?

Eh bien ! voici ce que dit l'opinion publique, en s'appuyant sur des faits incontestables et des témoignages honorables :

« A M. le colonel de la 2ᵉ légion du Rhône.

« J'ai l'honneur de vous informer, en vous priant de vouloir bien en donner connaissance aux hommes de votre légion, que le conseil municipal de Marseille vient de voter, à l'unanimité, des félicitations aux mobilisés du Rhône, pour leur belle conduite dans l'affaire de Nuits. Je vous prie de vouloir bien adresser, par un ordre du jour, les plus chaleureuses félicitations à nos braves soldats de la part de leurs compatriotes. Dites-leur que la ville de Lyon est heureuse et fière d'avoir de pareils enfants.

« Le maire de Lyon,

« HÉNON. »

Mais l'illustre général Bressolles ne se borne pas à dire tout le contraire de ce que déclarent le maire de Lyon et le conseil municipal de Marseille. Prenant un air menaçant, ce superbe général, qui a gagné plus de batailles qu'il n'a d'années, prévient les officiers de la 2ᵉ légion du Rhône que, dorénavant, il fera fusiller quiconque manquera à son devoir : « La vie d'un homme, s'écrie-t-il dédaigneusement, n'est rien pour moi : il faut des exemples, et, soyez-en convaincus, sous peu j'en ferai ! »

En sortant de cette réunion, si ridicule dans le fond, si insolente dans la forme, et où le grotesque le dispute au niais, les officiers des deux légions du Rhône, qui n'avaient

6

eu jusque-là que des rapports naturels de fraternité et qui avaient toutes sortes de raisons pour s'estimer, s'injurient, se prennent de querelle : « Peu s'en fallu', déclare un témoin oculaire, qu'on en vint aux mains! »

Telles furent les conséquences de l'algarade stupide du fameux Bressolles contre les officiers de la 2ᵉ légion, en présence de ceux de la 1ʳᵉ légion, et telle est la cause de la rivalité, de la jalousie, de l'animosité qui se sont produites entre ces deux légions, que leur origine commune et leurs véritables intérêts appelaient à s'aimer, à s'estimer, à s'entr'aider!

Du 31 décembre 1870 au 3 janvier 1871, la légion occupe les cantonnements qu'elle avait pris le 30 décembre. Elle reçoit dans ces localités les capotes et les dons patriotiques des dames de Lyon.

Le 4 janvier, à neuf heures du matin, toute la légion quitte ses cantonnements : la compagnie du génie se rend à Corcelles; les 1ᵉʳ et 3ᵉ bataillons et les francs-tireurs de la Mort se rendent à Villers-Grelot, où ils arrivent à cinq heures du soir; le 2ᵉ bataillon est placé à Val-de-Roulans, où il arrive à six heures et demie; enfin, les tirailleurs des Cévennes rejoignent les 1ᵉʳ et 3ᵉ bataillons à Villers-Grelot, à dix heures du soir.

Le 5, il n'est pas fait de mouvement. Le 6, la légion quitte ses cantonnements et va coucher :

Le 2ᵉ bataillon, à Puessans, où il arrive à quatre heures du soir;

Le 1ᵉʳ bataillon, à Huane, où il arrive à quatre heures et demie;

Le 3ᵉ bataillon et les tirailleurs des Cévennes, à Mésandans, où ils arrivent à cinq heures du soir;

Enfin, les francs-tireurs de la Mort sont détachés à Vergranne.

La légion passe la journée du 7 dans ces cantonnements.

Le 8, elle se met en marche, à huit heures du matin, et arrive à Abbenans à six heures du soir. Les vivres manquent et le froid est insupportable.

Le 9, les 1er et 2e bataillons partent, à dix heures du matin, et arrivent à Mignafrans à cinq heures du soir; le 3e bataillon, envoyé de grand'garde, le 8, près Villersexel, se replie sur Saint-Fergeux (Haute-Saône) : les hommes demandent à grands cris du pain et des vivres.

Le 10, à une heure du soir, la légion escorte une batterie d'artillerie sur la butte de Sécenans. Elle quitte cette position et rentre dans les villages de Sécenans et Crévans, où elle bivouaque toute la nuit. Il est fait une distribution de biscuit et de vivres de campagne.

Le 11, à sept heures du matin, les bataillons de la légion sont dispersés sur différents points culminants d'Arcey et de la Chapelle : les 1er et 2e bataillons y bivouaquent toute la nuit, sans feu.

Le 12, à trois heures du soir, il est fait une reconnaissance sur les hauteurs qui dominent les routes de Corcelles, de la Tuilerie et de la Chapelle, du côté d'Arcey. « On nous contait, dit le commandant Nicorelli, une foule d'histoires. On disait que les Prussiens marchaient sur Crévans, et ce n'était pas vrai; — que la Tuilerie était occupée par eux, et en tournant le plateau, je passai dans ce village pour rentrer à Crévans. »

Ce même jour, l'artillerie, partie de Lyon le 6 janvier, rejoint enfin la légion. Elle se compose de :

6 officiers (Muyard et Martin, capitaines; Bertrand et Fonrobert, lieutenants; Mocquin, médecin aide-major; Garcin, vétérinaire);

161 sous-officiers et artilleurs (dont quelques-uns connaissent plusieurs langues et appartiennent à d'excellentes familles;

106 chevaux;

7 canons (système Armstrong) se chargeant par la culasse, dont 3 pièces de 12 et 4 pièces de 6 ;

Enfin, 24 caissons garnis de munitions.

Les officiers, les sous-officiers et brigadiers montés sont armés de révolvers, et les canonniers ont d'excellents fusils Remington.

Le 13, à trois heures du matin, les 1er et 2e bataillons quittent les positions qu'ils occupent et rentrent à Crévans. A dix heures, les trois bataillons et la batterie d'artillerie reçoivent l'ordre de se porter en avant : ils se dirigent du côté de Saulnot : l'artillerie de la légion prend part à un combat engagé depuis le matin avec l'ennemi, mais quatre affûts de ses pièces se cassent au second coup de canon. La légion, placée en réserve, ne prend pas part au combat. Un obus tombe sur le premier bataillon : il tue un légionnaire et blesse le citoyen Monand, de la 4e compagnie, le fourrier Gaud et le légionnaire Boisson, de la 5e compagnie de ce bataillon. — A six heures du soir, la légion et la batterie d'artillerie occupent le village de Chavanne, où elles trouvent quelques vivres, laissés par les Prussiens, et y passent la nuit.

Le 14, la légion reste à Chavanne. Les légionnaires y manquent de vivres, et le pays est tellement ravagé qu'on n'y trouve presque rien à manger. A quatre heures du soir, la batterie d'artillerie va s'établir au village de le Vernoy, où la compagnie du génie, qui était détachée depuis le 4, vient la rejoindre à six heures du soir.

Le 15, la légion quitte Chavanne à sept heures du matin et se dirige sur Héricourt, en passant par Aibre. Elle reste en réserve dans les bois de Chenoy. Elle assiste au combat d'artillerie, qui dure jusqu'à six heures du soir, puis elle campe sur la lisière d'un bois pour protéger un parc d'artillerie. Les vivres manquent toujours ; les hommes ne mangent plus !..... Le soir, le général de Busserolles dit au commandant Nicorelli. qu'il n'avait rencontré nulle part le colonel Chabert.

Le 16, la canonnade continue ; la légion occupe les mêmes positions que la veille. Elle prend part, dans la journée, au combat d'Héricourt. Le légionnaire Fournel, de la 3ᵉ compagnie du 1ᵉʳ bataillon, reçoit une blessure qui nécessite l'amputation du bras gauche. Les légionnaires Ducrot, de la 3ᵉ compagnie du 2ᵉ bataillon, et Deshayes, de la 5ᵉ compagnie du même bataillon, sont également blessés. La légion bivouaque toute la nuit dans le bois de Tavey. Il est distribué un pain de 4 kilogr. par compagnie, et point d'autres vivres !

Le 17, la légion campe encore dans le bois de Tavey ; l'artillerie reste établie sur le plateau de Vyans. De dix heures du matin à une heure de l'après-midi, des coups de fusil sont tirés. Le légionnaire de Boisset, de la 4ᵉ compagnie du 1ᵉʳ bataillon, avocat du barreau de Lyon, est tué. Le sergent Salagnard, de la même compagnie, et membre du Conseil municipal de Tarare, reçoit le dernier soupir de son ami, le modeste et courageux de Boisset, qui avait refusé une sous-préfecture, peu de temps avant sa mort, pour servir sa patrie comme simple légionnaire ! Un autre légionnaire, le citoyen Fréné (Benoît), de la 3ᵉ compagnie du 1ᵉʳ bataillon, est blessé par une balle a la cuisse droite ; le sous-lieutenant Deschet (Gabriel), de la 4ᵉ compagnie du 2ᵉ bataillon, a une congélation des deux pieds, qui entraine l'amputation des cinq orteils d'un côté et de trois de l'autre.

« Pendant la campagne de l'Est, écrit le docteur Fontan, la 2ᵉ légion eut le même sort que le reste des troupes. Les marches forcées, le manque de vivres et le froid la faisaient pour ainsi dire fondre à vue d'œil.

« Le nombre des malades qu'on envoyait chaque jour aux hôpitaux était considérable, et plus tard, à Héricourt, ce fut par centaine qu'il fallut chiffrer, à l'appel, le déficit quotidien.

« De plus en plus réduite par la dyssenterie, les fluxions de poitrine, et le froid, qui nous gela près de 400 pieds, la légion descendit bientôt au chiffre de 600 hommes environ.

« Nous eûmes, pendant cette campagne, peu à souffrir du feu de l'ennemi, la légion ayant presque toujours été de réserve. Ainsi, à l'affaire de Saulnot, nous n'eûmes qu'un tué et trois blessés par des éclats d'un obus, et dans le bois d'Héricourt, c'est à peine si une cinquantaine d'hommes furent mis hors de combat.

« Cependant l'ambulance de la 2ᵉ légion ne restait pas pour cela inactive. Chaque jour c'était une liste interminable de malades qu'on envoyait aux divers hôpitaux.

« En outre, sur l'ordre du général de Busserolles, notre rôle avait été un peu modifié. Au lieu de rester spécialement attachée à la 2ᵉ légion, notre ambulance avait été organisée en ambulance divisionnaire volante, et devait constamment suivre une colonne composée des 14ᵉ et 21ᵉ chasseurs à pied, de mobiles, de zouaves, d'artillerie et de la 2ᵉ légion elle-même.

« C'est ainsi qu'à Saulnot. Chavanne, et plus tard à Laire et Héricourt, nous eûmes à soigner de nombreux blessés appartenant surtout aux corps ci-dessus désignés, la 2ᵉ légion, je le répète, ayant eu peu à souffrir du feu de l'ennemi. »

Dans la journée du 17, le colonel de la 2ᵉ légion, son officier d'ordonnance et plusieurs autres officiers quittent la légion : le commandement est laissé au chef du 2ᵉ bataillon. On ne voit que des malades : on rencontre sur la route de Tavey à Laire des hommes morts de froid et de faim ! « J'ai vu disparaître en un seul moment. déclare un officier supérieur, plus de 200 hommes par bataillon. »

Le 18, à sept heures du soir. après avoir allumé de grands feux — c'était le signal de la retraite ! — la légion se replie sur le village de Faimbe, en passant par Raimans. Saint-Julien et Sainte Marie. Le 3ᵉ bataillon et la batterie d'artillerie restent à Sainte-Marie et y passent la nuit.

« Ainsi, s'écrie avec raison un témoin de cette retraite

« désastreuse, après nous avoir jetés dans les neiges, loin de
« tout chemin de communication , après nous avoir laissé
« décimer par le froid et la faim, on nous fait battre en
« retraite! on nous fait faire 20 kilomètres pour nous repo-
« ser dans un village de vingt-cinq maisons, où se trouvent
« déjà logés plus de 8,000 hommes, et où , arrivés le 19 , à
« quatre heures du matin, il nous est impossible de trouver
« pour nous abriter et encore moins pour vivre. »

Le 19, le 3e bataillon part de Sainte-Marie, avec l'artillerie de la légion, à six heures du matin, y laissant une grande
quantité de traîneurs et de malades, qui sont fait prisonniers
par les Prussiens trois heures après. Ce bataillon et l'artillerie arrivent à Montenois, à midi, et les légionnaires y prennent quelque nourriture. Le général Thibaudier de Comagny, si connu dans l'histoire, passe à Montenois et ordonne
de quitter ce village : « Il était déplorable, dit le comman-
« dant Ncorelli , du 3e bataillon de la 2e légion du Rhône,
« il était déplorable de voir ce général Comagny à la tête de
« ses régiments de marche : désordre complet, débandade
« dans tous les corps ; tout se sauvait honteusement sous les
« yeux de ce général ! »

C'est ce jour, à Faimbe, et dans ces circonstances douloureuses, que le chef du 2e bataillon de la 2e légion, apprenant
du colonel de la 3e légion, que la première mise d'équipement de 550 fr. avait été payée aux officiers de cette légion ,
prescrivit au trésorier de la payer également aux officiers de
la 2e légion, contrairement à la circulaire du ministre de la
guerre du 8 novembre 1870.

Mais, au moment où le trésorier Gauthier commence ce
paiement, le fameux Comagny, ce digne lieutenant du célèbre Bressolles, arrive à Faimbe, active la retraite : une pani-
que se répand : on crie le *sauve qui peut!* on se croit entouré,
cerné, pris par les Prussiens! on se disperse à deux heures
de l'après-midi!

Le 3ᵉ bataillon arrive à Faimbe et n'y trouve plus la légion. Il se dirige sur l'Isle-le-Doubs, où il arrive à cinq heures du soir. Il y rallie des légionnaires égarés, ainsi que les bagages de la légion. Le 20, à une heure du matin, le 3ᵉ bataillon quitte ce lieu ; il se rend à Clerval, où il arrive au point du jour. Un capitaine de ce bataillon écrit de cette localité à sa famille, à Lyon :

« Nous partons, je ne sais pour quel endroit. Depuis deux jours nous battons en retraite ; les Prussiens nous poursuivent. Le colonel nous a quittés quand il a vu que le feu était aussi vif ; nous ne l'avons pas revu depuis lundi soir. »

Là, à Clerval, le 3ᵉ bataillon y trouve les docteurs Gigard et Julien avec les ambulances. Il sert de point de ralliement à la légion. Le commandant Nicorelli, ayant réuni tous les débris de la légion, quitte Clerval dans la journée, et rejoint, à Glainans, le général de Busserolles. Le chef du 2ᵉ bataillon arrive également à Glainans, mais très-tard. et avec une quarantaine d'hommes et quelques officiers.

La légion séjourne à Glainans les 21, 22 et 23 janvier. Le chef du 2ᵉ bataillon en profite pour rendre compte au colonel du paiement illégal qu'il a ordonné le 19 :

« Mon colonel, lui écrit-il, j'ai l'honneur de vous prévenir qu'ayant rencontré le colonel Barthélemy, le 19 courant, à Faimbe, où les deux légions étaient cantonnées. *je me suis informé* près de lui de ce qu'avaient touché les officiers de sa légion, pour première mise d'équipement.

« En présence des commandants Pellet et Dominique. de sa légion. il m'a répondu. ainsi que ces deux officiers *supérieurs*, que 950 fr. avaient été touchés par les officiers montés, et 550 fr. par ceux non montés, et que la 4ᵉ légion en avait fait autant.

« Comme nous avions beaucoup d'argent en caisse, et que j'ai toujours pensé que la légion avait autant de droit à cette allocation que les deux précitées, j'ai donc prescrit au trésorier de payer ces sommes-là aux officiers présents, ce qu'il a fait immédiatement. »

Et c'est sur un ordre pareil qu'une somme de 43,850 fr. a été payée ! C'est au moment où nos malheureux légionnaires meurent de faim et de froid, abandonnés sur la route, que le chef du 2ᵉ bataillon, que le commandant Mouton s'informe du montant de l'indemnité d'équipement payée aux 3ᵉ et 4ᵉ légions ; s'occupe de questions d'argent, donne une nouvelle preuve de cupidité ! et cet homme est chevalier de la Légion-d'Honneur ! ! !

La circulaire ministérielle du 8 novembre 1870, je le répète, dit d'une manière positive, formelle, incontestable, que les officiers des gardes nationales mobilisés n'ont pas droit à la première mise d'équipement de 550 fr., accordée, dans les corps de troupes à pied, aux sous-officiers promus sous-lieutenants.

Et des colonnels s'allouent 950 fr., en sus des 1,200 fr. qui leur ont été payés !

Et des chefs de bataillon s'allouent 950 fr., en sus des 900 fr. qui leur ont été payés !

Et des officiers montés reçoivent 950 fr., en sus des 700 fr. qui leur ont été payés !

Et, chose plus curieuse, c'est que c'est aux cris de *sauve qui peut !* que se font ces paiements ! !

Et pourtant, que dit l'article 174 du code pénal ordinaire ? Il dit :

« Tous fonctionnaires, tous officiers publics...., qui se seront rendus coupables du crime de concussion, *en ordonnant de percevoir*, ou en exigeant, ou en recevant ce qu'ils savaient n'être pas dû, ou excéder ce qui était dû pour droits, taxes, contributions, deniers ou revenus, ou pour *salaires* ou *traitements*, seront punis de la réclusion. »

Or, celui qui a ordonné ce paiement est chevalier de la Légion-d'Honneur, bien qu'une plainte en conseil de guerre

ait été portée contre lui, à M. le général Crouzat, commandant la 8ᵉ division militaire. Mais ne fallait-il pas réaliser la
promesse faite dans le mois précédent? Et est-ce que le droit
de voler impunément le trésor public n'est pas consacré en
France?

Après avoir pris les dispositions nécessaires et exécuté les
travaux nécessaires pour se défendre, à Glainans, la légion
reçoit l'ordre de partir, et se met en route, le 24 janvier, à
deux heures du matin. Elle arrive à Villevans, où le colonel
et son officier d'ordonnance viennent la rejoindre : n'avaient-
ils pas à toucher l'un 950 fr. et l'autre 550 fr., pour première mise d'équipement, conformément à l'ordre du chef
du 2ᵉ bataillon?

Le 25, la légion reste sous les armes depuis dix heures du
matin jusqu'au lendemain, à trois heures du matin. Un repos de quatre heures lui est accordé, le 26; mais elle manque de vivres. Elle est de nouveau sous les armes, à sept
heures, et part à dix heures du matin. Après des marches
et contre-marches elle arrive à Vaudrevillers, à quatre heures du soir.

Le 27, la légion part de Vaudrevillers à deux heures du
matin, se rend à Pierre-Fontaine, où elle arrive à dix heures du matin : « Les hommes, déclare le commandant Nicorelli, ne pouvait plus suivre; nos compagnies n'étaient, en
cet endroit, que de dix hommes au plus, cadre compris. »
Elle se porte à Fuans, dans l'après-midi, où quelques légionnaires viennent la rejoindre plus tard.

Le 28, elle part de Fuans, à huit heures du matin, passe
à Morteau, à Colombière et à Ville-du-Pont, où elle arrive à
sept heures du soir, et y reçoit quatre pains par compagnie.

Enfin, le 29, à six heures du matin, la légion, forte d'environ 600 hommes, se rend à Saint-Pierre, où elle arrive à
quatre heures du soir; le 30, elle arrive à Bray, à cinq heures du soir; le 31, elle est à la Baie-Sainte-Marie, où l'on

paie les appointements aux officiers ; la légion s'arrête un instant aux Hôpitaux, qu'elle quitte le 1er février, à six heures du matin ; elle passe la nuit du 1er au 2 février à Laferrière, et pénètre en Suisse, le 2 février, où elle est internée et accueillie avec la plus généreuse hospitalité.

Quatre jours après, le chef du 2e bataillon de la 2e légion écrit de Lucens :

« Je vous fais savoir qu'ayant commandé la légion, du 3 au 6 janvier inclus, et du 17 au 24 du même mois, total douze jours, je crois avoir droit aux frais de représentation et de bureau pour ce laps de temps. Voyez, je vous prie, le colonel à cet effet, et prévenez-le que je me fais cette allocation. Ce sera autant à diminuer sur ce qui lui revient.

« Le colonel, en m'abandonnant, ainsi que la légion qu'il commandait, sans m'en prévenir, m'a froissé et blessé au vif ; car il ne lui appartenait pas, lui qui s'est absenté si souvent pendant le *court séjour* qu'il a eu le commandement de cette légion, de me tromper. MOI, qui n'ai jamais été absent dans aucune affaire où la légion a eu à se montrer, et *qui ai été l'âme en tout et pour tout, depuis le commencement jusqu'à la fin !* Car, au lieu de me laisser cette dernière responsabilité, il lui convenait plutôt à lui de la prendre et à *moi de filer sur Lyon,* où je serais, peut-être, sans forfanterie aucune, plus utile que lui à la défense de *mon* pays. »

Et voyez l'ingratitude humaine, ou plutôt de *son pays !* Cet homme, qui a extorqué 300 fr. au capitaine-trésorier Gauthier, sur l'indemnité de première mise de frais de bureau ! cet homme qui a touché une indemnité de 1,850 fr. pour son équipement, et une indemnité de 290 fr. pour pertes d'effets à Nuits, le 18 décembre ! cet ancien président d'une cour martiale !!! cet ancien lieutenant du 56e de ligne, en réforme depuis le 12 octobre 1868, que le colonel Ferrer avait consenti à recevoir dans la 2e légion, pour lui fournir l'occasion de se réhabiliter ! cet homme, qui se proclame l'*âme* de la 2ᵉ légion, et déclare y avoir tout fait, depuis le commencement jusqu'à la fin ! Cet homme, ô ironie du sort et ingrtitude humaine ! cet homme est réduit à être surveillant à l'École centrale ! ! !

VIII

RÉORGANISATION

Le 10 février 1871. un arrêt: du préfet du Rhône, commissaire extraordinaire de la République, rep'ace à la tête de la 2ᵉ légion du Rhône, le citoyen colonel Ferrer, qui prend, dès le lendemain, le commandement de la légion, et l'annonce par l'avis suivant, qui est publié et affiché dans les communes du département du Rhône :

« Gardes nationaux mobilisés,

« Replacé à la tête de la 2ᵉ légion, par un arrêté du 10 de ce mois, et chargé de la réorganisation de la légion, je vous invite à rejoindre, sans délai, notre dépôt. rue Sainte-Hélène, au couvent des Jésuites.

« Si l'Assemblée nationale se prononce pour la continuation de la guerre, nous devons être prêts à reprendre les hostilités; si elle veut la paix, nous devons être en mesure de faire respecter la volonté nationale.

« Je compte donc sur votre patriotisme.

« Venez reprendre vos rangs : le devoir vous l'ordonne, et votre ancien colonel vous appelle et vous attend.

« Lyon, le 11 février 1871

« *Le Colonel*, Ferrer. »

Le jour même de son entrée en fonctions, le colonel reçoit du préfet du Rhône. la circulaire ministérielle ci-après, avec invitation de s'y conformer :

« Bordeaux, le 30 janvier 1871.

« *A MM. les généraux commandant les divisions et subdivisions territoriales et les Préfets.*

« Messieurs, je vous invite à donner tous vos soins, pendant la durée de l'armistice, à compléter l'organisation et l'instruction des gardes nationales mobilisées. Les légions devront être pourvues de tout ce qui leur est nécessaire, et remises à la guerre dans le plus bref délai. Il est essentiel que chaque homme soit muni de deux paires de souliers et d'une capote, outre la tunique ou la vareuse. Vous voudrez bien, en conséquence, presser les confections et prendre des mesures pour envoyer aux légions déjà parties le complément des effets d'habillement, de campement et d'équipement, qui auraient dû leur être fournis avant leur remise à la guerre.

« On me signale sur beaucoup de points la mauvaise qualité des étoffes et fournitures. Je vous rappellerai qu'il faut se montrer d'autant plus sévère dans la réception des livraisons qu'il y aurait inhumanité à ne point protéger nos soldats, par tous les moyens possibles, contre les rigueurs de la saison.

« Dans les dépôts de mobilisés, créés par suite d'un télégramme du 25 de ce mois, vous placerez provisoirement les officiers provenant de la réduction des cadres. En attendant que des vacances me soient signalées dans les légions indivisionnées, vous les emploierez à instruire les retardataires ou les réfractaires qui rentreront successivement. Ces cadres serviront, en outre, à conduire des détachements aux armées actives ou aux camps.

« Vous vous concerterez avec la gendarmerie pour que des colonnes mobiles parcourent votre département et fassent rentrer les réfractaires sous l'obéissance des lois. Je vous autorise, d'ailleurs, à rendre leurs noms publics.

« Pour les armes déjà achetées, il est essentiel de délivrer des pièces de rechange et des nécessaires d'armes. Sans cette précaution, qui a été trop négligée, la moindre détérioration rend une arme inutile.

« Enfin, je ne saurais trop insister sur la nécessité de donner à vos mobilisés une première instruction militaire, avant leur remise à la guerre, et je vous recommande à cet égard la stricte observation des prescriptions contenues dans ma circulaire du 5 de ce mois.

« Vous ferez enregistrer par chaque maire et le commandant de gendarmerie le nom de tout soldat de l'armée, de la ligne, de la garde nationale mobile ou mobilisée qui aurait quitté son corps ou son camp pour rentrer dans ses foyers, et vous exigerez qu'on vous en rende compte nominativement, quel que soit le motif de la permission. Recommandez aux maires ou présidents de commissions municipales la plus grande exactitude à cet égard, et rendez-les responsables. Si la permission n'est pas légale, la gendarmerie ramènera le délinquant au chef-lieu du département, où les mesures seront prises pour assurer son retour à son corps. Tous les cinq jours vous adresserez au ministère de la guerre (1re division) la liste de ces arrestations, en spécifiant le corps auquel appartient le délinquant et le lieu d'où il est parti.

« Recevez, etc.

« *Le Ministre de l'Intérieur et de la Guerre,*

« LÉON GAMBETTA. »

La légion, au moment de la réception de cette circulaire, présente un effectif de :

> 35 officiers :
> 217 gardes nationaux mobilisés;
> 38 chevaux.

La plupart des officiers ont perdu leurs bagages dans les désastres de l'armée de l'Est, et se trouvent sans effets et sans armes. Les gardes nationaux mobilisés n'ont que des effets en mauvais état ; quelques-uns n'ont même que des effets bourgeois, et tous sont dépourvus d'armes. Enfin, les chevaux sont très-fatigués et ont besoin d'un long repos.

Les mobilisés qui ont pu s'échapper, soit avant, soit après leur internement en Suisse, arrivent au dépôt de la légion avec de vieux vêtements bourgeois et ont pour toute chaussure des sabots ou de mauvais souliers.

En un mot, tout, absolument tout est à réorganiser, à reconstituer, et aucun local ne peut être mis à la disposition de la légion, à Lyon, pour sa réorganisation.

Dans ces conditions, le colonel demande l'envoi de la légion à Tarare, et reçoit la réponse suivante :

« Lyon. le 14 février 1871.

« Mon cher colonel, j'ai l'honneur de vous informer que j'approuve votre proposition de diriger votre légion sur Tarare pour la réorganiser. Veuillez me faire connaître le jour où vous serez prêt à partir, afin de prévenir le chemin de fer.

« Recevez, etc.

« *Le général commandant la 8e division militaire,*

« Par ordre :

« *Le chef d'état-major,*

« Mitaut. »

Toutes les dispositions sont prises pour activer le départ : on presse le nettoyage des armes; on habille, on équipe, on arme tous les légionnaires. De leur côté, les officiers en font autant; et, le 20 février, à une heure vingt-cinq minutes de l'après-midi, la légion, composée de trente-six officiers et de trois cent neuf légionnaires, monte en chemin de fer, à la gare de Perrache, en emportant son matériel et ses voitures d'ambulance, que le patriotisme et l'intelligence des médecins de la légion avaient su conserver au pays.

Arrivée à Tarare le même jour, à trois heures et demie, la légion reçoit de la part de la population l'accueil le plus sympathique et le plus généreux. Les légionnaires sont logés et, en grande partie, nourris chez l'habitant.

Le lendemain, des ordres sont donnés pour les exercices. En moins de dix jours, tous les légionnaires sont exercés à l'escrime à la baïonnette, à l'école de peloton, à l'école des tirailleurs, qui s'exécute avec une précision et une intelligence remarquables, et enfin, à l'école de bataillon, que plusieurs capitaines commandent d'une manière très-satisfaisante.

Mais l'effectif de la légion reste toujours à peu près le même.

Les nombreux bulletins envoyés pour faire rechercher les réfractaires et les mauvais citoyens sourds à l'appel de la patrie envahie, restent sans effet! Parmi les hommes qui ont rejoint, beaucoup ont des affaires urgentes, indispensables à régler : les demandes de permissions sont incessantes, et l'on a de peine à former, pour les exercices, six petits pelotons de seize files chacun !

« L'effectif de la légion n'augmente pas , écrit le colonel au général de division , je n'ai que 364 hommes présents , dont 39 officiers. Les situations d'aujourd'hui me signalent 27 hommes manquant à l'appel, pour lesquels je viens de prescrire d'établir des signalements de déserteurs. »

Telle était la situation de la légion, lorsqu'on apprit à Tarare, le 2 mars, la signature des préliminaires de la paix. qui donna lieu à l'ordre du jour ci-après :

« GARDES NATIONAUX MOBILISÉS ,

« Les préliminaires de paix sont signés ou plutôt la lutte est ajournée !

« L'Alsace, à l'exception de Belfort, et la Lorraine avec Metz et Thionville, sont annexées à l'Allemagne. Une indemnité de cinq milliards sera payée par la France à la Prusse, et une partie du territoire français restera occupée par les troupes prussiennes jusqu'à paiement complet de cette somme.

« Est-ce que ces conditions cupides et humiliantes ne vous font pas monter le rouge au front ? Qui d'entre vous, en présence de tant de cruauté et de convoitise, ne sent pas son âme se soulever de dégoût et d'indignation ?

« Vous en faut-il davantage pour vous prouver d'une manière plus évidente que les trônes ne sont fondés que sur l'usurpation, la vanité et l'exploitation des peuples ? La patrie est enchaînée, la morale anéantie, la liberté en danger !

« Citoyens, préparons nos armes! l'heure de nouveaux combats approche ; jurons de marcher au renversement des rois

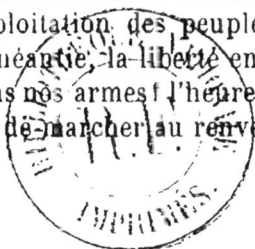

7

et à la destruction des trônes, aux cris de : « *Vive la République | Vive la France!*

« Tarare, le 2 mars 1871.

« *Le colonel*, FERRER. »

———

IX

LICENCIEMENT DE LA LÉGION

Le lendemain 3 mars, vers huit heures du soir, la légion reçoit, par un télégramme, l'ordre de quitter Tarare et de rentrer à Lyon, pour être licenciée, en exécution d'un décret du gouvernement de M. Thiers. La dépêche qui prescrit ce mouvement est ainsi conçue :

« Prenez, dès à présent, vos dispositions pour partir le 5 mars de Tarare pour vous rendre à Lyon par étapes. »

Conformément à cette dépêche, il est dit au rapport du 4 mars :

« La légion quittera Tarare demain dimanche, à sept heures et demie du matin, et ira coucher le même jour à Chessy.

« L'avant-garde, composée des fourriers, de l'adjudant et du capitaine de semaine partira à sept heures du matin.

« Il n'y aura aujourd'hui ni exercice ni peloton de punition. Les punitions sont levées. Tout le monde fera ses préparatifs de départ, de manière à arriver à Lyon dans la tenue la plus convenable.

« Le colonel passera à quatre heures du soir, dans la cour du Collége, la revue de départ. Les légionnaires seront en tenue de route, armes et bagages ; les couvertures seront roulées dans les tentes-abris, et les bâtons de tentes et piquets fixés au côté gauche du sac.

« Le trésorier fera établir, à la Mairie, la feuille de route et un mandat pour deux voitures à un collier, sur la production de la situation d'effectif de la légion,

« Le vaguemestre s'entendra avec l'entrepreneur des transports, pour que les deux voitures nécessaires au transport des bagages des officiers soient rendues dans la cour du Collége, demain à six heures précises du matin. Les bagages des officiers devront être apportés au même lieu, à six heures vingt minutes au plus tard.

« Le poste de la Madeleine rentrera dans les rangs à sept heures du matin.

« Le lieutenant Mouton partira aujourd'hui même par le premier train ou à pied, pour faire préparer le logement de la légion. Le trésorier lui remettra une situation d'effectif. »

Le même jour, le colonel envoie une dépêche au maire de Lyon, pour lui faire connaître que la 2e légion désire faire, entre les mains du Conseil municipal, avant d'être désarmée, la remise du drapeau que les dames de Lyon ont confié à son patriotisme.

Le 3 mars, la légion présentant un effectif de 42 officiers et 316 légionnaires, part de Tarare à sept heures et demie du matin, et arrive à Chessy à une heure de l'après-midi.

Le 6, elle part de Chessy à six heures du matin. A son arrivée à Vaise, elle est reçue par plusieurs compagnies de la garde nationale de Lyon, qui l'accompagnent jusque sur la place des Terreaux, où elle se forme en bataille, à deux heures moins quelques minutes, faisant face à l'Hôtel-de-Ville. A deux heures précises, la légion remet son drapeau au Conseil municipal de Lyon. Cette remise a été racontée en ces termes par les journaux du 7 mars 1871 :

« Hier lundi a eu lieu, ainsi que nous l'avions annoncé, la remise du drapeau de la 2e légion de marche du Rhône, aux mains de la municipalité lyonnaise.

« A deux heures moins un quart, le cortége débouchait sur la place des Terreaux, suivi depuis Vaise par une foule immense.

« Quatre compagnies fournies par les 4e, 7e, 10e et 17e bataillons de la garde nationale, composaient l'escorte d'honneur, avec la musique du 7e bataillon.

« M. le colonel Ferrer s'est avancé à la tête de ses hommes jusqu'au bas du perron de l'Hôtel-de-Ville, sur les marches duquel se tenaient, la tête découverte, M. le maire de Lyon et MM. les membres du Conseil municipal, et, d'une voix émue, il a prononcé une courte allocution, il a dit :

« Citoyen et vénéré maire,
« Citoyens conseillers municipaux,

« Je remets entre vos mains, couvert d'une crêpe, le dra-
« peau que les dames lyonnaises ont confié au courage et au
« patriotisme de la 2e légion du Rhône.

« Pendant tout le temps que la 2e légion a été commandée
« par un républicain, ce drapeau n'a assisté qu'à des succès,
« et a vu fuir les Prussiens devant nos jeunes légions répu-
« blicaines.

« Les légions du Rhône étant licenciées, l'honneur de con-
« server le signe de leur existence éphémère appartient au
« Conseil municipal de la ville de Lyon.

« Recevez donc ce drapeau, citoyens conseillers, et conser-
« vez-le pour des temps moins douloureux et plus patrio-
« tiques. »

« Ces paroles, prononcées d'une voix forte et chaleureuse, ont été couvertes d'applaudissements et de cris nombreux de : *Vive la République !*

« M. le maire a ensuite pris la parole :

« Il a dit que « le Conseil municipal recevait ce drapeau avec
« orgueil et le conserverait à jamais dans les archives de la
« ville comme un souvenir glorieux au milieu des désastres de
« la patrie. Je ne prolongerai pas cette allocution, a continué
« M. Hénon, j'ajouterai seulement que le devoir de tous les
« bons citoyens se résume maintenant en deux mots : *L'avenir*
« *et le maintien de la République !* »

« Des applaudissements chaleureux et des cris enthousiastes de : *Vive la République !* ont retenti de toutes parts, et les lé-gionnaires, défilant devant leur drapeau que M. le maire tenait dans ses mains, ont été salués au départ des cris mille fois répétés de : *Vive la légion ! Vive le colonel Ferrer ! Vive la République !*

« A deux heures et quart la touchante cérémonie était terminée.

« Nous croyons savoir que le Conseil municipal va mettre en trophée, dans la salle de ses séances, les quatre drapeaux des quatre légions de marche du Rhône. »

X

CONCLUSION

A partir du 7 mars 1871, les officiers et les légionnaires rentrent dans la vie civile, à l'exception du colonel, du trésorier, de l'officier d'habillement et des secrétaires des officiers comptables, les citoyens Pélisson, Dumoulin et Chardeyron, qui avaient été les premiers à se présenter, lors de la formation de la légion, et qui sont conservés provisoirement, jusqu'à la fin du mois, pour l'arrêté et la remise des comptes.

Le 8, le colonel adresse au ministre de la guerre, par l'intermédiaire du général commandant la 8ᵉ division militaire, la lettre ci-après :

« Monsieur le Ministre,

« Dès la proclamation de la République, j'ai eu l'honneur de vous demander à être relevé de la position de réforme dans laquelle j'ai été placé arbitrairement par le gouvernement impérial.

« Depuis cette époque, j'ai été nommé colonel de la 2ᵒ légion du Rhône, par un arrêté du 10 octobre 1870, et officier de la Légion-d'Honneur par un décret du gouvernement de la défense nationale, en date du 30 décembre suivant, inséré au *Moniteur* des 2 et 3 janvier 1871.

» En moins de soixante jours, j'ai organisé, habillé, équipé, armé, instruit et conduit deux fois au feu une légion de plus de trois mille hommes.

« Cette légion a chassé les Prussiens de Nuits, le 30 novembre, où j'ai eu un cheval tué sous moi. Elle a délogé de nouveau et poursuivi l'ennemi, à Châteanneuf, le 3 décembre, lui a fait soixante-treize prisonniers et lui a enlevé une ambulance, ainsi qu'une grande quantité d'armes et plusieurs chevaux.

« Rappelé à Lyon, par une dépêche du préfet du Rhône, j'ai été tenu à l'écart du 9 décembre 1870 au 10 février 1871, jour où j'ai été remis en possession du commandement de la 2ᵉ légion du Rhône, que je licencie en ce moment, conformément aux résolutions du gouvernement.

« Je demande, monsieur le Ministre, à connaître la position dans laquelle je me trouverai après l'arrêté définitif et la remise des comptes de la légion.

« L'article 4 du décret du gouvernement de la défense nationale, en date du 14 octobre 1870, sur l'avancement de l'armée auxiliaire, porte : « A la cessation des hostilités, il sera « statué sur tous les grades conférés dans l'armée auxiliaire, « afin de faire passer dans les cadres de l'armée régulière les « officiers et sous-officiers qui, par suite de leur belle conduite, « se seraient placés dans les conditions prévues par l'article 2 « du décret précité. »

La réponse à cette lettre arriva deux mois après, alors que l'ex-colonel de la 2ᵉ légion, accusé du plus odieux des crimes : *d'excitation à la guerre civile !* se trouvait à la prison Saint-Joseph.

On connaît la cause inique de cette incarcération arbitraire. La réponse du ministre de la guerre n'était pas moins inique: elle confirmait, oui, elle confirma t la décision rendue par le général Castelnau, le 10 juillet 1869, comme maréchal de France et ministre de la guerre : elle déclarait qu'un capitaine, qui, sous le régime impérial, avait été mis en réforme pour avoir écrit qu'on ne devait pas citer favorablement et récompenser deux officiers qui avaient abandonné leur poste et leur troupe en présence de l'ennemi, et fait tuer bêtement soixante-quatre braves soldats, — ce capitaine devait, sous le régime actuel, être maintenu en réforme ! Le citoyen Ferrer était donc Gros-Jean comme devant, et devait rester sous le coup de l'anathème impérial prononcé par un courtisan qui avait usurpé et la dignité de maréchal de France et les fonctions de ministre de la guerre !

Mais le citoyen Ferrer n'est pas le seul dont les services aient été méconnus. Je dois citer en première ligne le docteur Fontan, médecin-major de la 2ᵉ légion, qui est, avec le capitaine-trésorier Célestin Gauthier, l'officier d'habillemen Francis Loupy, et les capitaines Ulpat et Blanc, l'un de ceux qui ont répondu complétement à l'attente et la confiance du colonel Ferrer. Et, en voici la raison :

Le docteur Fontan a fait preuve d'activité, de prévoyance et de la plus grande intelligence dans l'organisation du service de l'ambulance de la 2ᵉ légion du Rhône. De plus, il s'est fait remarquer par son sang-froid et son intrépidité, le 18 décembre 1870, au combat de Nuits (Côte-d'Or). Resté au pouvoir de l'ennemi pendant trois jours, il a employé ce temps à soigner plus de douze cents blessés, et à préparer l'évacuation de cent cinquante malades, qu'il a conduits lui-même de Nuits à Beaune, en trompant la vigilance de l'ennemi.

Faut-il dire que depuis le licenciement de la légion, le docteur Fontan continue à donner gratuitement ses soins, son temps aux blessés de la 2ᵉ légion du Rhône, et qu'il leur délivre les certificats d'origine de leurs blessures ? Faut-il révéler que ces blessés trouvent chez lui, chez sa digne et vénérée mère, l'hospitalité la plus généreuse, la plus affectueuse ? Faut-il ajouter que le docteur Fontan a également fait preuve de la plus grande habileté et d'un rare bonheur dans ses opérations chirurgicales ?

Après le docteur Fontan, je suis heureux de pouvoir citer les citoyens Loupy et Blanc, qui, comme officiers, ont fait preuve au combat de Nuits, du 30 novembre 1870, d'une véritable intrépidité et du plus brillant courage, en entrant les premiers dans Nuits, à la tête d'une poignée de légionnaires et de francs-tireurs, et en forçant, par leur généreuse audace, l'ennemi à battre en retraite.

Parmi les blessés, — il est bien entendu que je ne parle

que de ceux qui n'ont pas été récompensés, — je trouve à
citer :

Le sous-lieutenant Deschet, qui a eu les pieds gelés ;

Le lieutenant Fayolle, qui est estropié probablement pour
toujours ;

Le lieutenant Chaîne, qui a une plaie à la poitrine, dont
il souffre encore ;

Le sergent Bellemain, qui a reçu un éclat d'obus au combat du 18 décembre ;

Le sergent-major Sandoz (Auguste), blessé d'un coup de
feu à la jambe droite ;

Le fourrier Fouilhoux, qui a reçu un coup de feu au
flanc droit et au poignet droit ;

Le sergent Seidenbinder, blessé à la cuisse gauche et qui
se trouve dans une position digne d'intérêt.

Les légionnaires :

Dieterlen, si brave dans la première affaire de Nuits, et
blessé dans la seconde ;

Boegner, son cousin, si brave également, et que je serais
heureux de voir ailleurs qu'à la préfecture :

Vivier, amputé du bras gauche ;

Fournel, également amputé du bras gauche ;

Mure, amputé du poignet droit ;

Monnand, blessé par un éclat d'obus ;

Payet, qui a reçu une balle à l'articulation du pied
gauche ;

Bergdoll, estropié pour toujours, plus à plaindre que s'il
avait perdu un membre, et condamné à marcher avec des
béquilles ;

Mazallon, qui a reçu un coup de feu à la cuisse droite,
et qui se trouve dans une position malheureuse ;

Thimonnier, blessé dangereusement à une partie déli-
cate ;

Cadox, dont la blessure le retient encore à l'hôpital ;

Débade, blessé à l'épaule droite, avec lésion de l'humérus ;

Peillon, qui a reçu une balle à la partie moyenne de la jambe gauche, et dont la blessure n'est pas encore guérie (20 août 1871) ;

Subtil, blessé par une balle qui a traversé la poitrine de part en part ;

Laurent, blessé à la cuisse gauche par une balle et qui éprouve une gêne dans la marche ;

Terrier, blessé par une balle à l'avant-bras ;

Romier, atteint de paralysie par suite de blessure ;

Cote (Pierre), estropié par une blessure reçue à la main ;

Goute-Fangeat, dont le pied droit est fracassé par un coup de feu ;

. . . .

. . . .

Mais à quoi bon cette liste incomplète des victimes de la guerre ? Ne doit-elle pas rester sans effet ?

Qu'il me soit donc permis de citer les noms d'autres victimes, qui, heureusement pour elles n'ont besoin d'aucune récompense. mais qui ont droit à un souvenir : je veux parler des légionnaires qui sont morts en défendant le pays, alors que tant d'hommes ne s'occupaient que de leurs intérêts privés, ou se cachaient pour ne pas répondre à l'appel de la patrie envahie, ravagée, humiliée !

Les pertes éprouvées par la 2e légion du Rhône, ne sont pas encore toutes connues. On a constaté le décès des citoyens ci-après :

Buclon (Pierre), légionnaire, mort des suites de ses blessures, le 16 janvier 1871 ;

Buisson (Antoine), légionnaire, mort des suites de ses blessures, le 20 décembre 1870 ;

Berthelon (Claude), légionnaire, tué le 15 décembre 1870;

Blanc (Pierre), légionnaire. mort des suites de ses blessures le 31 décembre 1870 ;

Bayard (Pierre), légionnaire. mort des suites de ses blessures le 28 janvier 1871 :

Beauchard (Lucien-Jean-Marie), sergent, mort des suites de ses blessures chez Mutin-Beudot, à Nuits, le 4 février 1871 :

Berger (Auguste). légionnaire. mort des suites de ses blessures le 14 janvier 1871 ;

Burat (Jean), légionnaire, mort des suites de ses blessures le 21 décembre 1870 :

Bony (Louis), clairon des Cévennes, tué à Nuits le 30 novembre 1870 :

Boisset (de), légionnaire, tué à l'armée de l'Est le 17 janvier 1871 :

Chavanne (Frédéric), légionnaire, mort des suites de ses blessures le 2 janvier 1871 :

Callot (Auguste), légionnaire, décédé à Nuits le 13 décembre 1870 ;

Dubreuil (Pierre), légionnaire, mort chez de Grandry, à Nuits, le 14 janvier 1871, des suites de ses blessures.

Dubreuil (Jean-François). légionnaire, mort des suites de ses blessures le 19 décembre 1870 ;

Détieux (Jean-Philibert), légionnaire, mort des suites de ses blessures, chez Virely Garot, à Nuits, le 3 janvier 1871 :

Deborde (Philibert). légionnaire, tué à Nuits le 30 novembre 1870 ;

Desclairieux (Benoit), légionnaire, mort des suites de blessures le 22 décembre 1870 :

Dumas (Jean-François), légionnaire, tué à Nuits le 18 décembre 1870 ;

Escomel (Etienne). sergent, mort des suites de ses blessures le 25 décembre 1870 :

Garnier (Jean-Marie). légionnaire, mort des suites de ses blessures le 20 décembre 1870 :

Durand (Pierre-Antoine), légionnaire, mort des suites de ses blessures, chez Bailly-Pallegois, à Nuits, le 21 décembre 1871 ;

Gilibert (François), légionnaire, mort des suites de ses blessures le 1ᵉʳ janvier 1871 ;

Grognard (Jean-François), caporal, mort des suites de ses blessures le 7 janvier 1871 ;

Grandjeard (Charles), légionnaire, mort des suites de ses blessures le 14 janvier 1871 ;

Guebey (Antoine), légionnaire, mort des suites de ses blessures le 29 décembre 1870 ;

Giraud (Fleury), légionnaire, tué le 18 décembre 1870 ;

Garby (Antoine-Jean), légionnaire, mort des suites de ses blessures le 21 décembre 1870 ;

Jeannin (Benoît), légionnaire, mort des suites de ses blessures le 29 décembre 1870 ;

Lafay (Claude), légionnaire, mort des suites de ses blessures le 23 décembre 1870 ;

Large (Claude), légionnaire, mort des suites de ses blessures le 27 décembre 1870 ;

Latriche (Claude), légionnaire, tué le 18 décembre 1870 ;

Lapierre (Henri), légionnaire, mort des suites de ses blessures, chez Chauvet-Sirugue, à Nuits, le 16 janvier 1871 ;

Muselier (François), légionnaire, mort des suites de ses blessures, chez Bailly-Pallegois, à Nuits, le 26 décembre 1870 ;

Matray (Philibert), légionnaire, mort des suites de ses blessures le 10 janvier 1871 ;

Mongoin (Louis), légionnaire, tué le 18 décembre 1870 ;

Narbonne (Jean), légionnaire, mort des suites de ses blessures le 25 décembre 1870 ;

Passeron (Jean-Marie), légionnaire, tué le 18 décembre 1870 ;

Paillet (Louis), légionnaire, tué le 18 décembre 1870 ;

Pinaton (Benoît-Francois), légionnaire, mort des suites de ses blessures, chez Jacquemot, à Nuits, le 21 février 1871 ;

Payan, tirailleur des Cévennes, mort des suites de ses blessures le 29 décembre 1870 ;

Poyet (Pierre), légionnaire, mort des suites de ses blessures le 29 janvier 1871 ;

Pernaud (François), légionnaire, tué le 18 décembre 1870;

Rollet (Jean), sous-lieutenant, tué le 18 décembre 1870 ;

Ratton (Antoine), légionnaire, mort des suites de ses blessures le 29 décembre 1870 ;

Roulot (Antoine), légionnaire, mort des suites de ses blessures le 30 décembre 1870 ;

Saul (Edouard), légionnaire, mort des suites de blessures, chez Bailly-Duret, à Nuits, le 23 décembre 1870 ;

Thivel (Louis), légionnaire, mort des suites de ses blessures le 6 janvier 1871 ;

Villet (Joseph), légionnaire, mort des suites de ses blessures, chez Virely-Garot, à Nuits, le 27 décembre 1870.

Ces pertes, je le répète, ne sont pas les seules que la 2° légion du Rhône ait éprouvées, mais elles suffisent pour donner aux Lyonnais, qui ont fait partie de cette légion, le droit de déclarer hautement qu'il ne leur a manqué que des chefs, animés de leur courage, capables de les apprécier, de les diriger, de les commander !

Pour ma part, je me réjouis d'avoir fait partie de la 2° légion du Rhône, dans laquelle j'ai découvert, parmi les officiers, deux cœurs d'or, deux vrais citoyens : Célestin GAUTHIER et Francis LOUPY, — et, parmi les légionnaires, des citoyens courageux, d'un patriotisme éclairé, intelligent et désintéressé.

FIN.

TABLE